Wegweiser im Sterbefall

Bestattung
Behördengänge
Vorsorge

von

Dr. Rolf Lichtner
Bundesverband Deutscher Bestatter e.V.

2. Auflage

C.H.BECK

Vorwort

In Deutschland sterben pro Jahr rund 865.000 Menschen, also etwas mehr als 1 % der Bevölkerung. Die Statistik zur mittleren Bevölkerungsprognose, die das Statistische Bundesamt veröffentlicht, weist aus, dass bis zum Jahr 2050 etwa 1.050.000 Menschen versterben werden. Dies liegt an der demografischen Entwicklung unserer Gesellschaft, deren Anteil älterer Menschen immer größer wird.

Hinter jedem Sterbefall steht aber immer auch ein Schicksal, ein Mensch, der Angehörige, Freunde, Bekannte und Nachbarn hinterlässt. Trauer und Schmerz über den Verlust des verstorbenen Menschen, über durch Tod gelöste Bindungen und Beziehungen, sind meist die Folge.

Nach einem Todesfall müssen zusätzlich zu der psychologischen Belastung durch den Verlust eines Menschen viele Dinge und Formalitäten organisiert werden. Oftmals sind die Angehörigen, die sich um die Bestattung kümmern, darauf nicht vorbereitet. Deshalb soll der Helfer im Trauerfall Anleitung und Rat geben, was zu veranlassen ist, um das Abschiednehmen auf den Verstorbenen zu konzentrieren, ohne die notwendigen Veranlassungen außer Acht zu lassen.

Eingehende Informationen findet der Leser auch auf www.bestatter.de, der Internetplattform des Bundesverbandes Deutscher Bestatter (BDB), dem rund 80 % der Bestattungsinstitute über die Landesinnungen und Landesverbände angehören. Viele bewährte Hinweise sind in diese Publikation übernommen.

Düsseldorf, im August 2016

Dr. Rolf Lichtner
Bundesverband Deutscher Bestatter e.V.
www.bestatter.de

Inhaltsverzeichnis

I. Einleitung

Bei einem Todesfall sind viele Formalitäten zu erledigen. Um entscheiden zu können, welche selbst übernommen und welche an ein Bestattungsinstitut delegiert werden können, werden im Folgenden sämtliche notwendigen Schritte aufgeführt. Viele der bei einem Todesfall benötigten Dokumente können in einem ergänzenden Vorsorgeordner gesammelt werden. Dieser sollte sorgfältig zuhause aufbewahrt oder einer entsprechenden Vertrauensperson übergeben werden. In Ausnahmefällen kann der Vorsorgeordner beim ausgesuchten Rechtsanwalt oder einem Notar des Vertrauens abgegeben werden. Wichtig ist es vor allem, die engsten Bezugspersonen über den Standort der Dokumente zu informieren. Nur dann ist eine sichere und schnelle Beerdigung gewährleistet.

Folgende Dokumente sollten im Vorsorgeordner aufbewahrt werden:

- Persönliche Dokumente
- Bestattungsvorsorgevertrag
- Unterlagen zur Sterbegeldversicherung
- Unterlagen zur Treuhandeinlage inkl. Ausfallbürgschaft
- Unterlagen zur Grabstätte
- Unterlagen zum Grabpflegevertrag
- Rentenunterlagen
- Unterlagen zur Krankenkasse
- Unterlagen vom Versorgungsamt (z. B. Schwerbeschädigtenausweis)
- Unterlagen zu Mitgliedschaften (z. B. Zeitschriften-Abos)
- Testament/Erbvertrag
- Vorsorgevollmacht allgemein
- Vorsorgevollmacht für die Bestattung
- Betreuungsverfügung
- Patientenverfügung
- Verfügung zur Organspende
- Angaben zu den Vermögensverhältnissen
- Adressen von Angehörigen.

Hinweis: *Es ist ein guter Rat, Angelegenheiten für den Todesfall bei Zeiten zu ordnen. Denn es kann nicht nur Unerwartetes geschehen, sondern manchmal hindern auch Krankheit und Krankenhausaufenthalt daran, Unterlagen zu ordnen. Dieser Leitfaden soll dafür Hilfe und Erinnerung sein.*

II. Trauerprozess[1]

1. Definition von Trauer

Seitdem es schriftliche Zeugnisse gibt, finden sich auch Hinweise dazu, dass Menschen getrauert haben. Meist wird das Wort „Trauer" mit dem Tod eines geliebten Menschen in Verbindung gebracht. Auf dieser Grundlage ergibt sich eine erste, eng gefasste Definition von Trauer. Danach umfasst Trauer „diejenigen psychischen Reaktionen, die nach dem Verlust eines nahestehenden Menschen durch dessen Tod auftreten können". Doch Trauer kann auch weitaus umfassender verstanden werden: Immer, wenn wir etwas verloren haben, das uns wertvoll war, bereitet uns dies seelischen Schmerz. Daraus ergibt sich Sigmund Freuds umfassende Definition von Trauer: „Trauer ist regelmäßig die Reaktion auf den Verlust einer geliebten Person oder einer an ihre Stelle gerückten Abstraktion wie Vaterland, Freiheit, ein Ideal usw." Dabei bedeutet der Hinweis, dass Trauer bei Verlusterlebnissen „regelmäßig" auftritt, dass sie eine „normale", mithin natürliche und nur zu verständliche Reaktion darstellt; sie ist keine Krankheit, sondern eine angemessene Antwort auf einen erlittenen Verlust. Eher wäre das Ausbleiben einer solchen Reaktion befremdlich.

2. Aufgaben der Trauer

Anstelle von Trauerphasen lässt sich auch von Traueraufgaben sprechen. Während der Begriff der Phase nahelegt, dass der Trauerprozess von selbst abläuft, wird mit dem Begriff der Traueraufgabe deutlich, dass sich der Trauernde aktiv am Trauerprozess beteiligen muss. Damit wird das Verständnis der Trauer als Trauerarbeit, wie von Sigmund Freud formuliert, betont. Die Phasen und Aufgaben der Trauer hängen eng zusammen. Die Aufgaben der Trauer sagen uns konkret, was wir tun müssen, um die Phasen der Trauer zu durchlaufen und die Trauerarbeit abzuschließen. Demjenigen, der einem Trauernden helfen möchte, machen sie klar, dass seine Tätigkeit im Wesentlichen darin besteht, ihn bei der Erfüllung dieser Aufgaben zu unterstützen.

3. Den Verlust akzeptieren

Trauerarbeit kann erst beginnen, wenn der Trauernde erkannt hat, dass der geliebte Mensch tot ist und nicht zurückkehrt. Häufig wird eine solche Tatsache vom Verstand eher begriffen als vom Gefühl. Es dauert oft Monate, bis der Trauernde emotional erfasst hat, was geschehen ist. Die erste Traueraufgabe richtet sich gegen Versuche, die Realität des Verlustes zu verleugnen. Eine extreme Form einer solchen Verleugnung ist die Mumifizierung. Mit ihr würde die erste Traueraufgabe scheitern. Das Nicht-Wahrhaben-Wollen am Beginn des Trau-

---

[1] Die folgenden Hinweise sind entnommen aus: Schnelzer, Trauerpsychologie, 2008.

erprozesses wird nicht durchlaufen, sondern setzt sich beim Hinterbliebenen fest. Es gibt Trauernde, die an der Hinterlassenschaft des Verstorbenen nichts verändern, als rechneten sie damit, dass er wieder zurückkehrt.

Andere tun so, als sei der Verstorbene noch am Leben, indem sie für ihn kochen oder Besorgungen machen. In diesen Fällen wird die Faktizität des Todes ignoriert. Umgekehrt gibt es auch Trauernde, die zwar den Verlust als Tatsache anerkennen, aber die Bedeutung leugnen, die er für sie hat. So wird manchmal die Qualität der Beziehung zum Verstorbenen in Frage gestellt. Der Trauernde versucht, sich zu trösten, indem er sich einredet, dass er keinen wirklich schweren Verlust erlitten hat: „Wir haben keine gute Ehe geführt." Diese Strategie verkennt aber, dass auch in schwierigen zwischenmenschlichen Beziehungen eine starke Bindung besteht.

Konkrete Hilfestellungen

Situationen, die den Trauernden mit der Wirklichkeit des Todes konfrontieren, helfen dabei, die erste Traueraufgabe zu bewältigen. Wenn er beispielsweise längere Zeit mit einem todkranken Menschen in Kontakt steht, erlebt der Trauernde auf schmerzliche Weise, wie dessen Lebenskraft schwindet. Indem er diesen Prozess wahrnimmt, wird ihm die Tatsache bewusst, dass diese Krankheit tödlich enden wird. Vor allem, wenn er miterlebt, wie der Tod eintritt, begreift er die Wirklichkeit des Todes. Das gilt umso mehr, wenn er auch noch darüber hinaus beim Verstorbenen bleibt. Er kann dann spüren, dass der tote Körper kälter wird und dass der Verstorbene abwesend ist. Diese Erfahrung ist für den Trauerprozess so wichtig, dass Trauernde den Verstorbenen noch einmal sehen sollten, wenn es nicht möglich war, den Sterbenden in den Tod zu begleiten. Davor haben aber viele Trauernde Angst. Häufig sagen sie, dass sie den Verstorbenen so in Erinnerung behalten wollen, wie er gewesen sei, als er noch lebte. Sie fürchten sich davor, einem Verstorbenen zu begegnen. Doch die Begegnung mit einem Verstorbenen erlaubt gerade, die Tatsache des Verlustes nicht zu verleugnen. Die meisten Menschen, die einen Toten gesehen haben, wissen, dass es nicht schockierend ist, einen Verstorbenen noch einmal zu sehen, sondern dass das vielmehr dabei hilft, die Wirklichkeit des Verlustes zu begreifen.

Die Bedeutung von Ritualen

Auch an einer Trauerfeier oder einem Begräbnis teilzunehmen, unterstützt Trauernde dabei, die erste Traueraufgabe zu bewältigen. Rituale, bei denen der Tod eines Menschen formell anerkannt und gemeinsam betrauert wird, machen die Wirklichkeit des Todes bewusst. Doch auch, wenn es nicht möglich war, an der Trauerfeier oder dem Begräbnis teilzunehmen, ist es möglich, sich von dem Verstorbenen zu verabschieden. Das kann auf unterschiedliche Weise geschehen. Für diejenigen, die sich auf der Trauerfeier verabschieden konnten, kommen diese Möglichkeiten des Abschiednehmens zusätzlich in Betracht. Ein Trauernder kann sich beispielsweise an Orte begeben, die für ihn oder den Verstorbenen eine besondere Bedeutung hatten. Wenn der Verstorbene ein Schulfreund war, kann man den früheren gemeinsamen Schulweg noch einmal abgehen, sich so an ihn erinnern und sich zugleich von ihm verabschieden.

Man kann aber auch eine Kirche besuchen, für den Verstorbenen beten oder eine Kerze anzünden. Ebenso kann man das Lieblingsbuch des Verstorbenen lesen, seine Lieblingsmusik hören oder einen Brief an ihn schreiben. Einen solchen Brief kann man an einem besonderen Ort aufbewahren oder in einer kleinen Zeremonie verbrennen. Diese Rituale bedeuten aber noch mehr, als sich von einem geliebten Menschen zu verabschieden. Durch sie spürt man Trauer und Schmerz darüber, dass dieser Mensch nicht mehr da ist. Und damit nähert man sich der zweiten Aufgabe der Trauer, in der man sich für den Schmerz öffnet.

Gespräche sind besonders wichtig, und zwar durch den gesamten Trauerprozess hindurch. Gespräche über den Verstorbenen helfen dem Trauernden, den Verlust anzunehmen. Der Trauernde sollte möglichst aktiv Gespräche suchen und Freunde sollten ihrerseits vorsichtig auf Trauernde zugehen, die oft dazu neigen, sich zurückzuziehen.

Ein Trauernder hat meist das Bedürfnis, über den Verstorbenen zu sprechen. Indem er ausspricht, was der Verstorbene ihm persönlich bedeutet hat, gelingt es ihm, die Tatsache des Todes besser zu begreifen.

Gesprächspartner müssen keine professionellen Berater, Psychotherapeuten oder Seelsorger sein. Einfühlsame Laien wie Angehörige, Freunde oder auch Bestatter können diese Aufgabe genauso gut übernehmen. Entscheidend ist, dass der Gesprächspartner bereit ist, sich der Trauer eines anderen Menschen auszusetzen und auf den Trauernden einzugehen.

4. Den Trauerschmerz erfahren

Die zweite Aufgabe der Trauer, die Erfahrung des Schmerzes, hängt mit der ersten eng zusammen. Je deutlicher der Trauernde die Realität des Todes akzeptiert, desto stärker spürt er den Schmerz über seinen Verlust. Und je stärker er den Schmerz spürt, desto deutlicher wird ihm bewusst, dass der Verstorbene wirklich tot ist. Die schmerzhaften Empfindungen, die dem Schock und der Erstarrung folgen, müssen anerkannt, zugelassen und durchlebt werden. Wenn das nicht geschieht, wird der Trauerprozess behindert und es besteht die Gefahr eines problematischen Trauerverlaufs. Verständlicherweise möchte der Trauernde dieser Traueraufgabe ausweichen. Trauernde wollen den Schmerz vermeiden und vielen gelingt es, ihn tatsächlich eine Zeit lang zu unterdrücken. Leider wird ein solches Verhalten auch vom sozialen Umfeld des Trauernden meist noch verstärkt. Ist der Trauernde gefasst, erfährt er von allen Seiten Lob und Anerkennung, während es als unerwünscht gilt, Trauer offen zu zeigen. Oft wird dem Trauernden sogar signalisiert, dass er keine Berechtigung zum Trauern habe. Das geschieht beispielsweise, indem ihm das Gefühl vermittelt wird, er müsse doch nun langsam einmal über den Verlust hinweg sein, oder wenn man ihn mit dem Gedanken konfrontiert, dass der Verstorbene nicht gewollt hätte, dass so lange um ihn getrauert wird. All das verstärkt die Tendenz, dem Trauerschmerz auszuweichen. Die Trauernden selbst wenden unterschiedliche

Strategien an, um dieses Ziel zu erreichen. Manche versuchen, den Emotionen auszuweichen und verharren in der Erstarrung, die für den Beginn des Trauerprozesses kennzeichnend ist. Andere stürzen sich in ihre berufliche Tätigkeit oder in Freizeitaktivitäten, um sich abzulenken.

Wieder andere entfernen alle Gegenstände aus ihrem Blickfeld, die an den Verstorbenen erinnern und so den Trauerschmerz hervorrufen. Es gibt aber auch Menschen, die versuchen, den Schmerz durch Alkohol und Medikamente zu betäuben. All diese Maßnahmen sind jedoch zum Scheitern verurteilt.

Der Trauerschmerz kann auf diese Weise zwar unterdrückt, aber nicht beendet werden. Er bleibt vorhanden und wird irgendwann wiederkehren. Wo Trauer krankhafte Züge angenommen hat, ist die zweite Traueraufgabe nicht gelungen.

Konkrete Hilfestellungen

Trauernde brauchen in diesem Stadium einen Gesprächspartner, der ihnen nicht das Gefühl gibt, stark sein zu müssen. Er sollte die Gefühle des Trauernden zulassen und ihn damit ermutigen, ihnen Ausdruck zu verleihen. Deshalb sind Gespräche über die Gefühle des Trauernden wichtig. Dem Trauernden sollte gezeigt werden, dass man bereit ist, mit ihm über seine Trauer zu sprechen, dass er seine Gefühle äußern darf, sich ihrer nicht zu schämen braucht und dass man versuchen wird, ihn zu verstehen, obwohl man nicht in der gleichen Weise betroffen ist.

Da solche Gespräche die schmerzhaften Gefühle der Trauer erneut hervortreten lassen können, versuchen viele Trauernde ihnen auszuweichen. Daher sollte dem Trauernden bewusst gemacht werden, dass diese Gespräche dabei helfen können, das seelische Trauma einer Trauererfahrung zu verarbeiten.

Erkennt der Trauernde den Schmerz als eine notwendige Trauerphase an, so kann er auch über seine Verzweiflung, seinen Zorn und seine Schuldgefühle sprechen.

5. Ohne den Verstorbenen leben lernen

Entsprechend der dritten Trauerphase besteht die Traueraufgabe darin, die Beziehung zum Verstorbenen schrittweise neu zu organisieren. Die für diese Phase typische Suche nach dem Verstorbenen hängt mit der Frage zusammen, was vom Verstorbenen bleibt. Vor allem muss der Hinterbliebene am Ende dieses Prozesses einsehen, dass er ohne den Verstorbenen auskommen muss.

Der Umfang dieser Aufgabe wird dem Trauernden bewusst, wenn er sich darüber klar geworden ist, welche Rollen der Verstorbene in seinem Leben eingenommen hat. Trauernde vermissen nicht nur den geliebten Menschen, sondern auch die Rollen, die der Verstorbene in der Beziehung zum Hinterbliebenen eingenommen hat. Unter Rollen werden in diesem Zusammenhang festgelegte Erwartungen verstanden, die der Hinterbliebene an den Verstorbenen gerichtet und denen dieser entsprochen hatte. Die Rollenproblematik wird besonders beim Verlust des Partners wichtig.

Partnerverlust und Rollenstruktur

Der Verlust des Partners bedeutet für den Trauernden, dass er eine eingespielte Rollenstruktur verliert. Um die dritte Traueraufgabe zu bewältigen, ist es daher notwendig zu erkennen, welche Rollen der Verstorbene innehatte. Wenn das erkannt worden ist, müssen Wege gefunden werden, diese Rollen so weit wie möglich neu zu besetzen. Je mehr Rollen der Verstorbene im Zusammenleben mit dem Hinterbliebenen eingenommen hat und je wichtiger diese waren, desto schwieriger ist es, die dritte Traueraufgabe zu bewältigen. Zwei Menschen, die mehrere Jahre lang in einer Beziehung leben, entwickeln allmählich eine komplexe Rollenstruktur, die u. a. in der Verteilung von Verantwortlichkeiten besteht. So sieht es die traditionelle Rollenverteilung beispielsweise häufig vor, dass sich der männliche Partner um die finanziellen Angelegenheiten kümmert, während der weibliche Partner für Haushalt und Kinder sorgt. Auch wo Paare solche Rollenmuster durchbrechen, bestehen andere Aufgabenverteilungen. Wenn einer von beiden stirbt, bleiben sie unerledigt, so dass der hinterbliebene Partner gerade in diesen Momenten wieder an den Verlust erinnert wird. So kommt der eine möglicherweise nicht mit der Steuererklärung oder den Versicherungsangelegenheiten zurecht, während der andere sich von Haushaltsführung oder Kindererziehung überfordert fühlt.

Wenn die Rollenverteilung einseitig war, kann das die Trauer verstärken und damit den Trauerverlauf erschweren oder verzögern. Deshalb ist mit einer starken Trauerreaktion zu rechnen, wenn ein Partner stirbt, der viele Rollen auf sich vereint hatte.

Für den Hinterbliebenen ist es wichtig, die Rollen des Verstorbenen zu erkennen und sich der Lücken bewusst zu werden, die dessen Tod hinterlassen hat. So kann er versuchen, Wege zu finden, um diese Lücken zu schließen. Viele Rollen lassen sich häufig ohne größere Schwierigkeiten selbst übernehmen, andere müssen delegiert werden. Wenn ein Hinterbliebener problemlos die Einkäufe erledigen kann, aber mit dem Haushalt Schwierigkeiten hat, so könnte er sich stundenweise eine Haushaltshilfe nehmen. Dennoch hinterlässt ein Verstorbener immer Lücken, die nicht so einfach zu schließen sind. Diese Einsicht führt den Hinterbliebenen erneut zu den ersten Traueraufgaben. Er muss sich dem Schmerz stellen und bewusst machen, dass der Verstorbene nicht wiederkehrt.

Konkrete Hilfestellungen

Auch bei der dritten Traueraufgabe sind Gespräche hilfreich. Sie können den komplexen Trauerprozess in dieser Phase unterstützen und begleiten. Die Suche nach dem Verstorbenen muss dabei als das normale Verhalten eines Trauernden ernst genommen werden. Zusätzlich ist darauf hinzuwirken, die Beziehung zwischen dem Hinterbliebenen und dem Verstorbenen neu zu gestalten. Die Rollenstruktur, in die der Hinterbliebene und der Verstorbene eingebunden waren, sollte angesprochen werden, und ebenso die Frage, wie es gelingen kann, die neuen Anforderungen zu bewältigen. Ein Gesprächspartner leistet Trauerhilfe, wenn er einem Trauernden in praktischen Fragen hilft. Das betrifft finanzielle und rechtliche Probleme, die Haushaltsführung oder die Erziehung der Kinder. Wenn der Gesprächspartner auch nicht immer selbst helfen kann, kann er dem Trauernden doch häufig zumindest sagen, wo er Hilfe bekommen kann.

6. Neue Beziehungen eingehen

Die vierte und letzte Aufgabe der Trauer besteht nicht darin, dass sich der Trauernde vom Verstorbenen emotional löst, sondern darin, die Beziehung aufrechtzuerhalten und zu erneuern: „Der Sinn des Trauerns besteht weder darin, die verstorbene Person zu vergessen, noch die Wichtigkeit der Beziehung zu ihr herunterzuspielen. Das Trauern dient vielmehr dazu, den Großteil des Schmerzes über den Verlust zu überwinden." Entscheidend ist also, dass der Schmerz geringer wird, um es dem Trauernden zu ermöglichen, sich wieder der Umwelt zuzuwenden. Trotzdem hört die Trauer über den Verlust nicht auf, denn sie bringt die Liebe zum Verstorbenen zum Ausdruck, die über den Tod hinaus andauert. Manche Menschen empfinden im Laufe des Trauerprozesses Schuldgefühle.

Sie denken, dass es auf ein Ende der Liebe hindeutet, wenn Trauer und Schmerz geringer werden. Diese Veränderungen müssen aber positiv gesehen werden. Denn sie machen es überhaupt erst möglich, dass nach dem Verlust eines Partners irgendwann auch wieder eine neue Liebesbeziehung eingegangen werden kann, auch wenn die Beziehung zum Verstorbenen in veränderter Form bestehen bleibt. Zuvor muss allerdings der Trauerprozess beendet sein. Wenn er nicht beendet ist, wird häufig der neue Partner mit dem Verstorbenen verglichen – ein Vergleich, der immer zugunsten des Verstorbenen ausfällt. Insbesondere Männer neigen dazu, eine neue Beziehung einzugehen, ohne den Trauerprozess abgeschlossen zu haben.

Konkrete Hilfestellungen

Im Gespräch mit einem Trauernden, der sich der letzten Traueraufgabe stellt, ist die Beziehung des Trauernden zum Verstorbenen wichtig. Deshalb sollte es vor allem um die Veränderungen in dieser Beziehung gehen. Es ist möglich, dass der Trauernde dabei religiöse Fragen anspricht, da er sich um eine neue und dauerhafte Beziehung zum Verstorbenen bemüht. Wenn der Trauernde während der vierten Traueraufgabe eine neue Liebesbeziehung eingehen möchte, ist das genauso zu respektieren wie das mögliche Desinteresse daran. Phasen und Aufgaben der Trauer entsprechen einander, auch wenn ihre Ansätze unterschiedliche Schwerpunkte haben. In der folgenden Tabelle sind nochmals die bedeutendsten Formen aufgegriffen:

V. Kast: Phasen der Trauer	J. W. Worden: Aufgaben der Trauer
1) Nicht-Wahrhaben-Wollen	1) Den Verlust akzeptieren
2) Aufbrechen der Emotionen	2) Den Trauerschmerz erfahren
3) Suchen und Sich-Trennen	3) Ohne den Verstorbenen leben
4) Neuer Selbst- und Weltbezug	4) Neue Beziehungen eingehen

III. Was vor einer Beerdigung auf die Angehörigen zukommt

1. Vorbereitungen

a) Erste Maßnahmen

➢ **Arzt benachrichtigen**

Bei einem Sterbefall zu Hause, im Alten- oder Pflegeheim ist zunächst ein Arzt zu benachrichtigen, damit dieser die Todesbescheinigung ausstellen kann. Bei einem Sterbefall im Krankenhaus wird sie durch die Krankenhausverwaltung ausgestellt. Wenn der Arzt nicht bescheinigen kann, dass eine natürliche Todesursache vorliegt, muss die Polizei benachrichtigt werden.

➢ **Auswahl des richtigen Bestatters**

Wenn ein Sterbefall eintritt, kommt nicht nur eine Fülle von Aufgaben auf die Hinterbliebenen zu, sondern es steht auch nur ein begrenzter Zeitrahmen für die Durchführung der Bestattung zur Verfügung. Wegen des nur begrenzten Zeitrahmens ist es oft schwer, den richtigen Bestatter zu finden. Daher ist es sinnvoll, bereits vor dem Tod den Bestatter des Vertrauens zu finden. Weitere Details im Kapitel VI.

➢ **Bestatter benachrichtigen**

- Bestattungsart festlegen
- Beerdigung planen und Ablauf festlegen
- schriftlichen Kostenvoranschlag aushändigen lassen

➢ **Engste Angehörige benachrichtigen**

➢ **Notwendige Unterlagen, die die Hinterbliebenen zusammenstellen sollten**

Weitere Details im Kapitel VI.

➢ **Erledigung der Formalitäten**

Angehörige sollten mit dem Bestatter besprechen, welche Angelegenheiten er für sie erledigen soll und was sie selbst übernehmen wollen.

Weitere Details im Kapitel VI.

➢ Weitere Angelegenheiten, die von den Angehörigen nach der Beerdigung erledigt werden sollten

Details im Kapitel VI.

b) Beurkundung des Sterbefalls

Nach § 28 Personenstandsgesetz (PStG) muss der Tod eines Menschen dem Standesamt, in dessen Bezirk der Sterbeort liegt, spätestens am dritten auf den Tod folgenden Werktag mündlich angezeigt werden. Diese Aufgabe kann auch vom beauftragten Bestatter wahrgenommen werden. Ist der Bestatter bei der Handwerkskammer registriert, kann er den Sterbefall auch schriftlich anzeigen.

c) Bestattungszeit

Die Bestattung darf in der Regel frühestens 48 Stunden nach Eintritt des Todes stattfinden. Ausnahmen davon regeln die Bestattungsgesetze der Bundesländer.

Die Bestattungsgesetze der Bundesländer schreiben vor, dass die Erdbestattung oder Einäscherung innerhalb bestimmter Fristen (bis zu zehn Tagen) nach Feststellung des Todes durchzuführen ist.

Wie die Erdbestattung ist ebenfalls die Urnenbeisetzung bestattungspflichtig. Die Bestattungsfrist bestimmt jedoch jedes Bundesland selbst. Grundsätzlich gilt eine unverzügliche Beisetzungspflicht der Urne, die jedoch anders als die Erdbestattung, nicht innerhalb der ersten zehn Tage stattfinden muss.

2. Leichenschau[2]

Die Leichenschau ist die Untersuchung der sterblichen Überreste eines Menschen zur Feststellung des Todes und zur Bestimmung der Todesursachen und näheren Umstände eines Todes durch einen Arzt. Grundsätzlich gibt es zwei Todesarten, die natürliche oder die nicht natürliche. Die Todesart ist auf der Todesbescheinigung durch einen Arzt zu dokumentieren. Die Kosten für die Leichenschau richten sich nach der ärztlichen Gebührenordnung und betragen im Regelfall rund 80 Euro. Die Kosten für die zweite Leichenschau, die bei der Feuerbestattung (außer im Bundesland Bayern) anfallen, sind meist in den Kremationsgebühren enthalten.

a) Ärztliche Leichenschau

Die Todesursache ist grundsätzlich durch einen Arzt festzustellen und in der Todesbescheinigung zu vermerken. Liegt der Verdacht auf einen nicht natürlichen Tod vor, ist die zuständige Staatsanwaltschaft am Sterbeort zu benachrichtigen. Die Staatsanwaltschaft entscheidet, ob eine Obduktion erforderlich ist. Gege-

[2] Die folgenden Hinweise sind entnommen aus: Lichtner (Hrsg.), Bestattung in Deutschland, 2. Auflage 2015.

benenfalls wird der Leichnam beschlagnahmt und einer rechtsmedizinischen Untersuchung zugeführt.

Die ärztliche Leichenschau ist in den einzelnen Bundesländern unterschiedlich geregelt, überall ist sie jedoch unverzüglich nach dem Bekanntwerden des Todes vorzunehmen.

Die ärztliche Leichenschau hat vor allem folgende Aufgaben:

- den Tod festzustellen
- die Verheimlichung eines gewaltsamen Todes zu verhindern
- eine strafbare Vernachlässigung aufzudecken
- durch medizinische Kunstfehler entstandene Todesfälle zu erkennen
- gemeingefährliche und übertragbare Krankheiten zu ermitteln
- die Beerdigung von Scheintoten zu verhindern
- genaue Statistiken zu ermöglichen.

Die Leichenschau wird durch einen approbierten Arzt durchgeführt, der die ärztliche Todesbescheinigung als Nachweis ausstellt.

Bei der Leichenschau ist Folgendes zu beachten:

- Vor der Leichenschau und ohne Vorliegen der Todesbescheinigung darf keine Überführung erfolgen, es sei denn, eine Behörde (z. B. Polizei oder Staatsanwaltschaft) ordnet diese an.
- Die ärztliche Todesbescheinigung wird zur Vorlage beim Standesamt, bei der Polizei- und Ordnungsbehörde sowie beim Gesundheitsamt benötigt. Wenn auf der Todesbescheinigung nicht angekreuzt ist, dass es sich um einen natürlichen Tod handelt, muss der Bestatter, gegebenenfalls nach Rücksprache mit dem ausstellenden Arzt, die Polizei verständigen. Ohne Absprache mit der Polizei darf er eine Überführung in diesen Fällen nicht vornehmen.

b) Amtsärztliche Leichenschau

Eine amtsärztliche Leichenschau ist erforderlich:

- im Falle einer Feuerbestattung (Ausnahme bildet das Bundesland Bayern; dort genügt die Bestätigung der zuständigen Polizeibehörde, dass keine Anhaltspunkte für einen nicht natürlichen Tod bekannt sind).
- bei der Ausstellung eines Leichenpasses.

Der Leichenpass ist ein amtliches Dokument, das zum grenzüberschreitenden Transport eines Verstorbenen erforderlich ist. Der Leichenpass wird durch die örtliche Ordnungsbehörde ausgestellt. Voraussetzung ist die Überprüfung des Totenscheins, gegebenenfalls nach Anhörung des Arztes, der den Verstorbenen zuletzt behandelt hat, nochmalige Besichtigung des Verstorbenen und Kontrolle der ordnungsgemäßen Einsargung sowie Bescheinigung des zuständigen Amtsarztes.

Beim Tod einer Person mit einer meldepflichtigen übertragbaren Erkrankung nach dem Infektionsschutzgesetz hat das Gesundheitsamt nach Lage des Falles zu entscheiden, ob wegen Verschleppungsgefahr die Erteilung des Leichenpasses abzulehnen ist. Für die Beförderung der Leichen von Personen, die an einer meldepflichtigen übertragbaren Erkrankung gestorben sind, wird die Ausstellung des Leichenpasses in der Regel versagt. Nach Tod an einer anderen übertragbaren Erkrankung können allein aus diesem Umstand keine Bedenken gegen eine Beförderung hergeleitet werden.

c) Richterliche Leichenschau

Die richterliche Leichenschau, bei der ein Gerichtsarzt und ein Richter mitwirken, hat die Aufgaben,

- Klarheit zu schaffen, wenn Anhaltspunkte für einen nicht natürlichen Tod vorliegen
- die Identität von unbekannten Verstorbenen zu klären (erfolgt auf Anweisung der Staatsanwaltschaft).

3. Der richtige Bestatter

Wenn ein Sterbefall eintritt, kommt nicht nur eine Fülle von Aufgaben auf die Hinterbliebenen zu, sondern es steht auch nur ein begrenzter Zeitrahmen für die Durchführung der Bestattung zur Verfügung. Je nach Bundesland sehen die Bestattungsgesetze die Durchführung der Bestattung innerhalb von fünf bis maximal zehn Tagen vor. Ausnahmen sind mit behördlicher Genehmigung möglich, etwa wenn sich die Angehörigen im Ausland befinden und nicht zeitnah erreichbar sind. Bei der Feuerbestattung ist zu unterscheiden zwischen der Einäscherung des Verstorbenen und der Beisetzung der Aschenreste. Während der Verstorbene bis spätestens zehn Tage nach Todeseintritt eingeäschert werden muss, kann die Beisetzung der Urne erst zu einem späteren Zeitpunkt, aber zeitnah zur Einäscherung, erfolgen.

Folgende Aufgaben hat der Bestatter:

- Abholung und Überführung des Verstorbenen
- Fachkundige Aufbewahrung des Leichnams
- Erledigung aller Formalitäten
- Ermöglichung der Abschiednahme
- Regelung der Beisetzung
- Herstellung des Kontaktes zur späteren Grabpflege
- Herstellung des Kontaktes zu Steinmetzen.

Wegen des nur begrenzten Zeitrahmens ist es oft schwer, den richtigen Bestatter zu finden. Deshalb hat der Bundesverband Deutscher Bestatter, der rund 80 % der Bestattungsunternehmen in Deutschland organisiert, unter der Internetadresse www.bestatter.de Bestattungsunternehmen, die Mitglied im Verband sind, so gelistet, dass sie schnell und unkompliziert in der Nähe des jeweiligen Wohnortes gefunden werden können. Dort können auch kostenfrei Preisangebote eingeholt werden.

Darüber hinaus hat der Bundesverband ein Markenzeichen entwickelt, das besonders qualifizierte Bestattungsunternehmen kennzeichnet. Bestattungsunternehmen, die das Markenzeichen führen, erfüllen strenge persönliche, fachliche und betriebliche Kriterien und garantieren die Einhaltung der anspruchsvollen ethischen Standards des Bundesverbandes Deutscher Bestatter. Bundesweit gibt es etwa 1.000 Bestattungsunternehmen, die das Markenzeichen führen. Durch unabhängige Prüfer kontrolliert der Bundesverband Deutscher Bestatter regelmäßig, ob die Qualitätskriterien erfüllt werden. Im Rahmen eines Zertifizierungsverfahrens überwacht die LGA InterCert, ein Unternehmen des TÜV Rheinland, dass die Qualitätskontrollen durchgeführt und die strengen Anforderungen des Markenzeichens eingehalten werden.

4. Überführung[3]

Sofern die internationalen, nationalen und europäischen Überführungsbedingungen erfüllt sind, kann der Transport des Verstorbenen durch Land-, See- oder Lufttransport erfolgen. Der Landtransport kann über Straße oder Schiene geschehen. Sind keine spezifischen Hygieneanforderungen vorgeschrieben, kann die Überführung des Verstorbenen innerhalb von 48 Stunden nach dem Eintritt des Todes durchgeführt werden.

Überführungen werden in der Regel durch ein beauftragtes Bestattungsinstitut erledigt. Dies betrifft sowohl Überführungen von Deutschland ins Ausland als auch Überführungen aus dem Ausland nach Deutschland.

!

Hinweis: *Die Anforderung für internationale Überführungen regeln das Berliner Abkommen und das Straßburger Abkommen. Darüber hinaus gibt es noch Sonderregelungen der IATA für den Flugtransport. Schließlich sind noch die unterschiedlichen Vorgaben des Absender- und des Empfängerlandes zu beachten.*

[3] DIN EN 15017 – Bestattungs-Dienstleistungen.

Zur Vorbereitung einer Überführung werden folgende Unterlagen benötigt:

- Sterbeurkunde oder eine Bescheinigung des für den Sterbeort zuständigen Standesbeamten über die Beurkundung des Sterbefalls
- Todesbescheinigung bzw. Totenschein
- Bescheinigung über die ordnungsgemäße Einsargung durch den Bestatter
- ggf. Bescheinigung über eine thanatopraktische (konservierende) Behandlung des Verstorbenen
- ärztliche Bescheinigung, dass gegen die Überführung der Leiche keine gesundheitlichen Bedenken bestehen; Bescheinigungen dieser Art werden vom Krankenhaus, der Gerichtsmedizin oder dem Gesundheitsamt ausgestellt
- Genehmigungen der Staatsanwaltschaft oder des zuständigen Gerichts bei Anhaltspunkten für einen nicht natürlichen Tod oder wenn die Leiche unbekannt ist
- Gegebenenfalls sind die Papiere mit einer Apostille zu versehen, die im Rechtsverkehr zwischen jenen Staaten verwendet wird, die Mitglieder des Multilateralen Haager Übereinkommens zur Befreiung öffentlicher Urkunden von der diplomatischen Beglaubigung oder Legalisation sind. Die Apostille bestätigt die Echtheit der Unterschrift, die Eigenschaft, in welcher der Unterzeichner gehandelt hat, und gegebenenfalls die Echtheit des Siegels oder Stempels, mit der die Urkunde versehen ist.

Hinweis: *Die Anforderungen an die Unterlagen können von Land zu Land variieren. Auch gibt es für das Transportbehältnis nationale Regeln, die bei der Vorbereitung des Transports zu beachten sind.*

Werden eingeäscherte sterbliche Überreste per Post, Kurierdienst oder mit anderem Mittel transportiert, müssen sie in einem für diesen Zweck bestimmten Behältnis eingeschlossen sein, das den Inhalt zweifelsfrei erkennen lässt, und müssen vor dem Versenden einer von ihrem Bestimmungsort vorgeschriebenen gesetzlichen Dokumentation begleitet werden. In der Regel erfolgt die Versendung über ein Bestattungsinstitut oder das Krematorium. Grundsätzlich sind beim Transport einer Urne dieselben Urkunden mitzuführen, wie sie für die Überführung des Leichnams gelten.

IV. Bestattungsarten

Es werden nach den für jedes Bundesland bestehenden Bestattungsgesetzen und Bestattungsverordnungen **grundsätzlich zwei Bestattungsarten unterschieden**:

- Erdbestattung und
- Feuerbestattung.

Die Entscheidung für eine Erd- oder Feuerbestattung hängt vor allem von den eigenen weltanschaulichen Vorstellungen und religiösen Überzeugungen ab. Bei einer Erdbestattung wird der Körper in einem Sarg der Erde übergeben. Während die Unversehrtheit des Körpers im Islam und Judentum nach wie vor zentral ist, sind Erd- und Feuerbestattung im Christentum inzwischen weitgehend gleichbedeutend. Auf den meisten Friedhöfen können Angehörige zwischen verschiedenen Grabstätten für die Erd- und Urnenbeisetzung wählen.

Die Regelbestattung nach den Bestattungsgesetzen ist die Erdbestattung. Grundsätzlich sollte der Verstorbene zu Lebzeiten bestimmen, ob er eine Erd- oder Feuerbestattung wünscht. Liegt keine Erklärung vor, sind die Totenfürsorgeberechtigten in der Lage, die Bestattungsart zu bestimmen. Sind keine Angehörigen vorhanden oder auffindbar, ist das Ordnungsamt des Sterbeortes für die Beisetzung zuständig. Bei Ordnungsamtsbestattungen gilt, dass die Kommune die Bestattungsart wählt, in der Regel wird die Feuerbestattung angeordnet.

In Deutschland werden inzwischen über die Hälfte der Bestattungen als Feuerbestattung durchgeführt.

1. Erdbestattung

Die Erdbestattung ist die Übergabe des menschlichen Leichnams an die Erde. Der Sarg wird nach einer eventuellen Trauerfeier auf einem Friedhof in einem Grab beigesetzt. Unterschieden werden die Gräber nach Wahl- und Reihengrabstätten. Die Ruhedauer einer Grabstelle, die Belegungsmöglichkeiten und die Preise richten sich nach den regionalen Bestimmungen (Friedhofssatzungen und Friedhofsgebührensatzungen). Die Friedhofsträger – Kommunen oder Kirchen – legen fest, welche Grabarten sie anbieten.

a) Wahlgrabstätte

Die Wahlgrabstätte kann grundsätzlich individuell ausgesucht werden. In vielen Gemeinden besteht die Möglichkeit, ein Tiefgrab zu erwerben. Dies bedeutet, dass mindestens zwei Erdbestattungen übereinander möglich sind. Es können auch mehrere Wahlgräber nebeneinander erworben werden. Für diese Gräber gibt es gemäß der entsprechenden Friedhofssatzung eine Ruhefrist, die zwischen 12 und 30 Jahren dauern kann. Nach deren Ablauf kann die Grabstätte verlängert und auch wiederbelegt werden. Oft ist die zusätzliche Beisetzung von Urnen in diesen Gräbern möglich. Im Rahmen der Friedhofssatzung können diese Grabstätten individuell gestaltet werden.

b) Reihengrabstätte

Die Reihengrabstätte wird von der Friedhofsverwaltung zugewiesen. In einem Reihengrab darf jeweils nur ein Verstorbener beigesetzt werden. Nach Ablauf der Ruhefrist kann eine Umbettung vorgenommen werden, eine Verlängerung der Grabstätte ist nicht möglich. Grundsätzlich dürfen dort keine Urnen zusätzlich beigesetzt werden. In der Regel ist ein Reihengrab günstiger als ein Wahlgrab. Die individuelle Gestaltung ist im Rahmen der Friedhofssatzung möglich.

c) Rasenreihengrabstätte mit Namensplatte

Diese Grabstätte ist pflegeleicht, da die Grabpflege vom Friedhofspersonal übernommen wird. Jede Grabstelle wird mit einer Namensplatte versehen. In der Regel ist auf diesen Grabfeldern ein zentrales Denkmal für die Ablage von Blumen vorhanden. Ein individuelles Ausschmücken der Grabstätte ist grundsätzlich nicht zulässig.

d) Rasenreihengrabstätte

Diese Grabstätte ist ebenfalls pflegeleicht, da die Grabpflege von der Gemeinde übernommen wird. Die Grabstätte wird jedoch nicht mit einer Namensplatte gekennzeichnet, sondern ist anonym.

2. Feuerbestattung

Die Feuerbestattung ist die Übergabe des menschlichen Leichnams an das Feuer. Die Einäscherung des Leichnams wird in einem Krematorium durchgeführt. Der Bestattungspflichtige kann bestimmen, in welchem Krematorium die Einäscherung stattfinden soll. Für jede Feuerbestattung wird ein Sarg benötigt. Eine Trauerfeier kann vor oder nach der Einäscherung stattfinden. Bei der Feuerbestattung ist in der Regel eine gesonderte Willenserklärung des Angehörigen erforderlich.

Urnenbeisetzung

Für die Asche besteht in Deutschland Bestattungspflicht, d. h. die Angehörigen dürfen sie nicht mit nach Hause nehmen, um sie z. B. im eigenen Garten beizusetzen. Auch die Teilung der Asche ist in Deutschland nicht gestattet.

a) Traditionelle Urnenbeisetzung

Urnen sind grundsätzlich auf Friedhöfen in einem Urnengrab oder einem Kolumbarium beizusetzen. Darüber hinaus ist außerhalb von Friedhöfen die Naturbestattung (Beisetzung auf See, Beisetzung in ausgewiesenen Bereichen in der Natur, meist Wäldern) möglich. Die Teilung von Aschen bzw. die Entnahme von Teilen der Asche für Amulette oder sonstige Kleinbehältnisse ist nach den Bestattungsgesetzen der Bundesländer untersagt. Eine Beisetzung im Ausland ist – wie bei der Erdbestattung – möglich. Die Beisetzungsformen richten sich dann nach den gesetzlichen Bestimmungen des Landes, in dem die Beisetzung durchgeführt wird.

Die Aufbewahrung von Urnen in der privaten Sphäre (Haus oder Garten) ist wegen der Friedhofspflicht nach den Bestattungsgesetzen der Bundesländer nicht zulässig. Dies gilt auch dann, wenn die Asche zunächst in das Ausland verbracht und danach wieder nach Deutschland zurückgebracht wird.

Die Verstreuung von Aschen auf Friedhöfen ist in einigen Bundesländern möglich. Bei dieser Beisetzungsform entfallen die Kosten für Grabpflege und Grabmal.

Einige Friedhofsverwaltungen bieten darüber hinaus die Beisetzung in sogenannten Kolumbarien an. Die Urnen werden dann nicht dem Erdreich übergeben, sondern in eine Urnenwand gestellt. Diese Bestattungsart wird mittlerweile auch von christlichen Kirchen in ehemaligen Kirchengebäuden angeboten.

Grundsätzlich besteht auch die Möglichkeit, die Asche verstreuen zu lassen. Voraussetzung dafür ist aber, dass dies vom Bestattungsgesetz des jeweiligen Bundeslandes vorgesehen ist und die Gemeinde auf dem Friedhof ein solches Feld eingerichtet hat.

Für die Bestattung von Aschen gibt es darüber hinaus noch weitere Möglichkeiten, auf die im Folgenden eingegangen wird.

b) Urnen-Seebestattung

Die Urnen-Seebestattung ist von der Bestattungsart her ebenfalls eine Feuerbestattung. Die Urne mit der Asche wird im Meer außerhalb der Drei-Meilenzone beigesetzt. Die Angehörigen können die Urne bis zur Beisetzung begleiten. Die Urne ist aus wasserlöslichem Material, so dass sich die Asche im Meer verteilt. Die Angehörigen erhalten meist eine Seekarte über den Beisetzungsort.

c) Beisetzung im Wald

In den letzten Jahren haben die naturnahen Urnenbestattungen in bestimmten, dafür ausgewiesenen Wäldern zugenommen. Die Urnen werden bei den Wurzeln eines Baumes, den man im Vorfeld aussuchen kann, beigesetzt. Es besteht die Möglichkeit, eine kleine Namensplatte am Baum anbringen zu lassen.

d) Sonstige Beisetzungen

Außergewöhnliche Wünsche, wie das Verstreuen der Asche auf einer Almwiese oder in den Bergen beispielsweise, können ausschließlich im Ausland erfüllt werden. Wird die Asche nach Deutschland überführt, besteht grundsätzlich eine Bestattungspflicht.

Je nach Bundesland und den örtlichen Vorschriften kann es erforderlich sein, dass die Willenserklärung für die Feuerbestattung in testamentarischer oder anderer besonderer Form vorliegen muss. Dies gilt auch für den Fall, dass eine besondere Beisetzungsart, wie beispielsweise die Seebestattung oder das Verstreuen der Asche gewünscht wird. Erkundigen Sie sich in jedem Fall bei einem Bestatter vor Ort nach den einzuhaltenden Bestimmungen.

3. Anonyme Grabstätte

Die anonyme Grabstätte ist der einer Rasenreihengrabstätte vergleichbar. Viele Gemeinden legen fest, dass bei der Beisetzung zur Wahrung der Anonymität keine Angehörigen anwesend sein dürfen. Bei der Entscheidung für eine anonyme Grabstätte sollte man sich die Folgen gut überlegen. Bei der Beisetzung nicht dabei sein zu können und anschließend keinen konkreten Ort der Trauer zu haben, erschwert häufig die Trauerarbeit. Weitere Informationen, insbesondere zu den örtlichen Gegebenheiten, erläutert Ihnen der Bestatter Ihrer Wahl.

Erd- und Feuerbestattung sind in anonymer Form entweder auf der Grundlage der Bestattungsgesetze der Bundesländer oder aufgrund der einzelnen Friedhofssatzungen möglich.

4. Vor- und Nachteile der Erd- und Feuerbestattung

Bei der Erdbestattung wird der Leichnam in einem Sarg im Erdgrab auf einem Friedhof beigesetzt. Der Sarg muss den Anforderungen der jeweiligen Friedhofssatzung entsprechen. Die Erdbestattung ist die traditionelle christliche Bestattungsart, die auch heute noch von der katholischen Kirche favorisiert wird. Hintergrund ist der Glaube an die Auferstehung, die den unversehrten Leib des Verstorbenen zur Grundlage hat. Bei der Erdbestattung bilden Trauerfeier und Beisetzung meist eine Einheit. Mit der Übergabe des Leichnams in das Grab wird die Abschiednahme visuell greifbar und bildet einen wesentlichen Bestandteil der Trauerbewältigung. Die Erdbestattung setzt eine entsprechende Grabart voraus, die den Sarg mit dem Leichnam aufnehmen kann. Erdgräber sind in der Regel doppelt so groß wie Urnengräber. Deshalb kann der Pflegeaufwand für ein solches Grab kostenintensiver sein als für ein Urnengrab.

Auch die Feuerbestattung hat ursprünglich christliche Wurzeln. Über mehrere Jahrhunderte war sie aber bis zum Beginn des 20. Jahrhunderts von den christlichen Kirchen nicht akzeptiert und bei Strafe verboten. In den 20er Jahren des 20. Jahrhundert hat sich die evangelische Kirche für die Feuerbestattung als Bestattungsart geöffnet. Die katholische Kirche hat das Verbot der Feuerbestattung 1963 aufgehoben. Bei der Feuerbestattung fallen Trauerfeier und Beisetzung meist noch auseinander, weil zwischen der Trauerfeier und der Beisetzung die Kremation stattfindet. Die Kremation ist ein zusätzlicher Kostenfaktor, der mit rund 300 bis 600 Euro zu veranschlagen ist. Urnen können sowohl in Erdgräbern als auch in Urnengräbern beigesetzt werden. Die Urnengräber sind regelmäßig kleiner als Erdgräber mit der Folge, dass der Kostenaufwand für diese Beisetzungsart meist geringer ausfällt. Grundsätzlich sind Aschen auf Friedhöfen beizusetzen. Als Beisetzungsort kommen nicht nur Gräber, sondern auch Kolumbarien in Betracht. Vereinzelt stehen solche Kolumbarien auch in umgewidmeten Kirchen, sogenannten Grabeskirchen, zur Verfügung. Darüber hinaus können Aschen aber auch auf See (Seebestattung) oder in der Natur (Naturbestattung) beigesetzt werden. Beide Beisetzungsarten sind kostenpflichtig. Aschen können darüber hinaus auf Friedhöfen verstreut werden, so dass ein individueller Ort der Trauer nicht mehr vorhanden ist.

Sowohl die Erd- als auch die Feuerbestattung sind in anonymer Form möglich. Davon ist grundsätzlich abzuraten, weil der Ort der Trauer damit entfällt.

V. Die Bestattung

Ein Bestatter berät zu allen Themen der Bestattungsvorsorge und organisiert nicht nur die Bestattung, sondern **auf Wunsch auch die Erledigung sämtlicher Formalitäten wie z.B.**:

- Totenschein
- Sterbeurkunde
- Übersetzungen und Zweitschriften von Urkunden
- Formulierung von Zeitungsanzeigen
- Bedrucken von Trauerkarten oder Danksagungskarten
- Dekoration der Trauerhalle, Sargschmuck, Kränze, Gestecke und Blumenschmuck
- Vermittlung von Grabrednern, Organisten oder/und Musikern.

➢ Was gehört zu einer Bestattung?

- Sarg
- Totenkleid/persönliche Kleidung des Verstorbenen
- Einbettung und Überführung des Verstorbenen
- zuständiger Pfarrer oder Trauerredner.

1. Bestattungskosten

a) Aufgliederung der Leistungen

Die Bestattungskostenrechnung untergliedert sich in zwei Bereiche:

- die sogenannten Eigenleistungen des Bestatters (z.B. Sarg, Überführung, Erledigung der Formalitäten, Versorgung und Einbettung des Verstorbenen, Trauerdruck, Betreuung der Trauerfeier)
- die sogenannten Fremdleistungen (z.B. Sterbeurkunde, Totenschein, Zeitungsanzeige, Friedhofsgebühren, Blumenschmuck, Beerdigungskaffee, Grabmal, Grabpflege). Die Friedhofsgebühren sind regional unterschiedlich und machen einen Großteil u. U. mehr als 50 % der Gesamtkosten einer Bestattung aus. Die Friedhofsgebühren werden meist im Vornherein erhoben und decken unter anderem die gesamte Ruhefrist ab.

b) Welche Gebühren fallen an?

In einigen Gemeinden werden die Friedhofsgebühren über den Bestatter abgerechnet, in anderen direkt mit den Angehörigen. Es ist zu bedenken, dass Friedhofsgebühren einen wesentlichen Teil der Bestattungskosten ausmachen.

Unter Friedhofsgebühren werden die Kosten verstanden, die der Friedhof als öffentlich-rechtlicher Träger von den Bestattungspflichtigen erhebt.

Im Einzelnen kann man folgende Positionen bei den Friedhofsgebühren unterscheiden:

- Die Bestattungsgebühr/Beisetzungsgebühr umfasst in der Regel als Mindestleistung das Öffnen und Schließen des Grabes. Meist sind auch das Abräumen der Kränze nach der Bestattung sowie das Einebnen des Grabes enthalten. Die Höhe der Bestattungsgebühr richtet sich nach Arbeitsaufwand für den Auszug der unterschiedlichen Gräberarten und -größen. Die Bestattungsgebühr kann 400 bis 1.000 Euro betragen.
- Die Grabnutzungsgebühr ist das Entgelt für das Nutzungsrecht über einen bestimmten Zeitraum (Ruhefrist) auf einem Friedhof. Der Zeitraum beträgt zwischen 12 und 30 Jahren. Der umgangssprachlich missverständlich als Grabkauf bezeichnete Erwerb des Nutzungsrechts ist eine auf die Ruhefrist festgelegte Miete für die Grabfläche auf dem Friedhof. Nach Ablauf der Ruhefrist endet das Nutzungsrecht. Das Nutzungsrecht kann aber über die Dauer der Ruhefrist je nach Grabart verlängert werden. Die Grabnutzungsgebühr wird als Einmalzahlung im Voraus für die gesamte Ruhezeit erhoben. Die Grabnutzungsgebühr kann zwischen 350 und 3.000 Euro betragen.
- Weitere Posten der Friedhofsgebühren sind unter Umständen Kosten für die Aufbahrung und Aufbewahrung des Leichnams in entsprechenden Räumlichkeiten eines Friedhofs, die Trauerhallennutzung und die vom Friedhofsträger gestellte Dekoration für die Trauerfeier, Urnen- oder Sargträger, Glockengeläut, Musik, Genehmigung für die Erstellung eines Grabmals sowie Friedhofsunterhaltungsgebühren. Die örtlichen Friedhofssatzungen können vorsehen, dass diese Gebühren bereits in der Grabnutzungsgebühr enthalten sind.
- Gelegentlich werden die Kosten einer Feuerbestattung (Kremationsgebühren) sowie der notwendige Versand der Urne zu den Friedhofsgebühren gezählt. Die Kremationsgebühr beinhaltet meist auch die gesetzlich vorgeschriebene amtsärztliche Untersuchung des Leichnams (sogenannte zweite Leichenschau) vor der Einäscherung.

!

Kostentipps: *Wird der Leichnam bei einer Feuerbestattung direkt vom Sterbeort in das Krematorium überführt, entfallen die Kosten für die Aufbewahrung des Leichnams auf dem Friedhof.*

Die Kosten für die Feuerbestattung können sich von Krematorium zu Krematorium deutlich unterscheiden. Angehörige sollten deshalb nachfragen, in welchem

Krematorium die Einäscherung möglich ist und welche Preisgestaltung der Feuerbestattung zugrunde liegt.

Das Tragen des Sarges zum Grab kann von den Angehörigen oder Freunden übernommen werden.

Ist der Friedhof nicht festgelegt, weil noch kein Familiengrab auf einem bestimmten Friedhof besteht, lohnt sich ein Vergleich der Friedhofsgebühren. Die Wohnortgemeinden haben die Pflicht, Bürger der Gemeinde auf einem Friedhof in der Gemeinde beizusetzen. Es besteht aber auch die Möglichkeit, auf jedem anderen Friedhof die Beisetzung durchzuführen. Bei kirchlichen Friedhöfen kann die Religionszugehörigkeit Voraussetzung für die Beisetzung sein.

2. Gestaltung der Bestattung

Über Art und Ort der Bestattung entscheidet der Verstorbene zu Lebzeiten grundsätzlich selbst. Sein Wille ist maßgeblich und muss nicht zwangsläufig in Form einer letztwilligen Verfügung getroffen werden.

Wenn der Wille des Verstorbenen nicht bekannt ist, entscheiden grundsätzlich die Totenfürsorgeberechtigten oder Bestattungspflichtigen, also normalerweise die nächsten Angehörigen. Die Reihenfolge der Totenfürsorgeberechtigung/Bestattungsverpflichtung ergibt sich aus den Bestattungsgesetzen der Bundesländer. Gleichrangige Angehörige müssen eine gemeinsame Entscheidung treffen. Ist dies nicht möglich, muss das zuständige Amtsgericht entscheiden.

3. Aufbahrung

Viele Angehörige haben den Wunsch, sich vom Verstorbenen im Angesicht seines Leichnams zu verabschieden. Dazu dient die Aufbahrung im offenen Sarg. Durch die Aufbahrung wird der Tod für viele Menschen überhaupt erst begreifbar. Entgegen oft gehörter anders lautender Meinung ist die sachkundige Aufbahrung hygienisch und gesundheitlich in der Regel unbedenklich.

Es besteht für die Angehörigen die Möglichkeit, zu Hause, in einem Bestattungsinstitut oder auch auf dem Friedhof vom Verstorbenen Abschied zu nehmen. Viele Bestatter bieten dafür eigene, atmosphärisch angenehm gestaltete Abschiedsräume an, damit sich die Angehörigen in fast privater Atmosphäre und in aller Ruhe verabschieden können. Im Gegensatz zu Friedhöfen müssen bei Bestattern meist keine Öffnungszeiten berücksichtigt werden.

Manche Angehörige möchten dem Verstorbenen beim Abschied Grabbeigaben in den Sarg legen: Die Enkelin hat noch ein Bild für die Oma gemalt, der Sohn seiner Mutter einen Brief geschrieben. Vielleicht ist ein Foto von der ganzen Familie gemacht worden, das dem Vater nun auf seinem letzten Weg mitgegeben werden soll. Und auch der Lieblingsteddy kann ein Wegbegleiter sein. Oft werden dem Verstorbenen Blumen oder auch ein Rosenkranz in die Hände gelegt. Einige Angehörige wünschen sich als Erinnerung auch ein Foto von der

Aufbahrung des Verstorbenen. Solche Aufnahmen bieten viele Bestatter an. Wenn Angehörige den Verstorbenen noch für einige Zeit zu Hause aufbahren möchten, sollten sie ihren Bestatter fragen, wie lange eine Hausaufbahrung problemlos zulässig ist. Eine Überführung nach Hause – auch beim Versterben in einem Krankenhaus – kann meist möglich gemacht werden.

4. Regionale Unterschiede

a) Musik

Ob und wie Musik bei der Trauerfeier eingesetzt wird, hängt stark von regionalen und lokalen Bräuchen und Gewohnheiten ab. In Norddeutschland und in ländlichen Gebieten wird während der Trauerfeier häufig noch gemeinsam gesungen; eine Tradition, die vor allem in den Großstädten und im Westen des Landes zunehmend verloren geht. In Norddeutschland gehört zudem ein Orgelspiel zur Trauerfeier, ganz im Gegensatz zum Süden Deutschlands, wo dieser Brauch sich zwar in einzelnen Gemeinden hält, aber insgesamt zurückgeht.

Popmusik bei der Trauerfeier wird unterschiedlich beurteilt: Im Osten Deutschlands ist festzustellen, dass Angehörige häufiger Popmusik wünschen. Angehörige gehen im Osten Deutschlands ohnehin häufiger mit konkreten Musikwünschen ins Beratungsgespräch als im Rest des Landes. Während die Quote für den Wunsch nach Popmusik im Osten bei etwa 30 % liegt, möchten weniger als 10 % der Angehörigen im Westen Popstars bei der Trauerfeier hören.

b) Seebestattungen

Die Seebestattung ist zwischenzeitlich nicht mehr nur im Norden Deutschlands eine gewünschte Beisetzungsform, sondern wird von Bestattern in Zusammenarbeit mit spezialisierten Seebestattungsreedereien bundesweit angeboten. Die Beisetzung findet regelmäßig an besonderen Plätzen in Ost- und Nordsee statt, ist aber auch in Gewässern weltweit möglich.

c) Feuerbestattungen

Im weiteren Verlauf des 20. Jahrhunderts gewann die Feuerbestattung immer größere Bedeutung. Zum Ende des Jahrhunderts erreichte sie in einzelnen Städten, vor allem in den östlichen und nördlichen Bundesländern, Anteile von weit über 50 %, stellenweise sogar über 90 % an den Gesamtbestattungen. Im Durchschnitt lag der Anteil der Feuerbestattungen in Deutschland Ende des 20. Jahrhunderts bei knapp 40 %. Allerdings gibt es bis heute in der Verbreitung der Feuerbestattung bedeutende regionale Unterschiede. Sehr hohe Anteile verzeichnen jene Städte und Regionen, wo es einst mit der Feuerbestattung begann, beispielsweise Thüringen: Gotha 90,6 %, Jena 90,8 %, Eisenach 89,7 %, Gera 95,8 %. Auch ansonsten liegen die Städte der neuen Bundesländer deutlich über dem Durchschnitt, denn die politischen Gegebenheiten hatte die Feuerbestattung nach dem Zweiten Weltkrieg ideologisch gefördert. Grundsätzlich ist ihr

Anteil nach wie vor in Städten höher als auf dem flachen Land. Umgekehrt sind es nicht nur, aber doch in erster Linie katholisch geprägte Regionen, die relativ niedrige Einäscherungsquoten aufweisen.

Krematorien werden von kommunalen oder privaten Einrichtungen betrieben; in Deutschland gibt es rund 180 Krematorien. Bundesweit hat im Jahr 2010 die Zahl der Einäscherungen erstmals die Anzahl der Erdbestattungen übertroffen, wobei es erhebliche regionale Unterschiede gibt. Während in den überwiegend katholisch geprägten Bundesländern Baden-Württemberg und Bayern der Einäscherungsanteil noch unter 50 % liegt, ergeben sich in anderen Bundesländern Anteile von mehr als 80 %.

5. Grabpflege

a) Grabpflege – wer soll das einmal machen?!

In unserer mobilen und schnelllebigen Zeit fragen sich viele Menschen im Zusammenhang mit dem Abschied von ihren Angehörigen: Wer soll einmal die Grabpflege für unsere Familie übernehmen? Die erwachsenen Kinder leben oftmals weit entfernt, sind beruflich und persönlich stark eingebunden.

Bei alleinstehenden Partnern macht oft das zunehmende Alter eine persönliche kontinuierliche Pflege der Grabstätte Probleme, wenn sie sich nicht sogar als unmöglich erweist. Anonyme Beisetzungen können nach einer Zeit für die Trauernden zur Belastung werden: Es entfällt zwar die Grabpflege, es ist aber auch kein Ort des persönlichen Gedenkens und Erinnerns vorhanden.

b) Mögliche Leistungen

Zu den möglichen Leistungen und Inhalten eines Grabpflegevertrages kann gehören:

- Abräumen der Grabstelle im Nachgang der Beisetzung
- Neuanlage nach einer Beisetzung
- saisonale Bepflanzungen in einem festen jährlichen Turnus
- Kultivierung von Erdflächen und Wildkrautbeseitigung
- Düngung und Gießarbeiten
- Erhaltungsschnitte an Gehölzen und Bodendeckern
- Reinigung des Grabsteines und der Grabeinfassung.

Über die Grabpflege und deren finanzielle Absicherung berät der die Bestattung durchführende Bestatter. Bei einer Bestattungsvorsorge sollte die Grabpflege mit abgesichert werden.

VI. Aufteilung der Aufgaben beim Eintritt des Todes und Hinweise zu notwendigen Unterlagen

Es ist sinnvoll, einen Bestatter zu einem möglichst frühen Zeitpunkt zu benachrichtigen, damit er den Angehörigen behilflich sein und sie beraten kann. Es ist dagegen nicht erforderlich, dass der Verstorbene sofort ins Bestattungsinstitut überführt wird. Er kann bis zu 36 Stunden zu Hause aufgebahrt werden, damit die Angehörigen von ihm Abschied nehmen können. Bestatter klären Angehörige gern darüber auf, was dabei zu beachten ist. Bevor ein Bestatter benachrichtigt wird, ist zu prüfen, ob der Verstorbene mit einem bestimmten Bestatter bereits einen Bestattungsvorsorgevertrag abgeschlossen hat. Im Beratungsgespräch mit dem jeweiligen Bestatter sollte anschließend geklärt werden, welche Festlegungen getroffen wurden, welche Formalitäten er für die Angehörigen übernehmen soll und welche sie selbst erledigen wollen.

1. Formalitäten und sonstige Maßnahmen, die bei einem Sterbefall zu beachten und zu erledigen sind

a) Folgende Formalitäten sollten dem Bestattungsunternehmen übertragen werden

- Überführung des/der Verstorbenen
- die Sterbeurkunden beim Standesamt des Sterbeortes ausstellen lassen
- Todesbescheinigung (vom Arzt) bzw. Leichenschauschein
- Beratung beim Erwerb eines Wahl- oder Reihengrabes (bei Erd- oder Feuerbestattung)
- Terminfestlegung bei Stadt oder Kirche für die Trauerfeier
- Orgelspiel und evtl. sonstige musikalische Begleitung für die Trauerfeier bestellen
- Dekoraktion für die Trauerfeier in der Kapelle bestellen
- Kerzenbeleuchtung für die Trauerfeier in der Kapelle bestellen
- Sarggebinde bestellen
- Bestellung von Kränzen und Handsträußen
- Trauerbriefe und Danksagungen bestellen
- Zeitungsanzeigen (Familienanzeige, Nachruf) bestellen
- dem Pfarrer oder einem Redner Kenntnis geben

- evtl. Imbiss (Trauerkaffee, Trauermahl) nach Beerdigung/Trauerfeier in einem Cafe, Restaurant oder einer Gaststätte bestellen
- Abrechnungen mit den Lebensversicherungen bzw. Sterbekassen
- Überbrückungsgeld (dreimonatige Rentenfortzahlung) bei der Rentenversicherungsstelle beantragen
- Abmelden der Rente bei der zuständigen Rentenberechnungsstelle (in den neuen Bundesländern einheitlich beim Postrentendienst Leipzig)
- Meldung der Verstorbenenanschrift zur „Robinson-Liste" zwecks Untersagung unaufgeforderter Werbesendungen.

b) Folgende Formalitäten können die Angehörigen selbst erledigen

➢ Nach Eintritt des Todes

- den Arzt benachrichtigen, wenn der Tod in der Wohnung eingetreten ist
- Benachrichtigen der engsten Angehörigen
- Verträge und Verfügungen zusammenstellen (Geburts- oder Heiratsurkunde, Personalausweis, Bestattungsvorsorge, Willenserklärung Feuerbestattung, Patientenverfügung)
- Versorgung der Haustiere
- Versorgung der Blumen und Pflanzen
- Regelung Haus-/Wohnungsschlüssel.

➢ Innerhalb von 36 Stunden nach dem Todesfall

- Bestatter auswählen; Überführung des Verstorbenen in die Leichenhalle veranlassen
- Bestattung planen; Grabart bestimmen (Wahl- oder Reihengrab bei Erd- oder Feuerbestattung).

➢ Ein bis drei Tage nach dem Todesfall

- Terminfestlegung für die Trauerfeier
- musikalische Begleitung für die Trauerfeier bestellen
- Dekoration für die Trauerfeier, Kranz und Blumenschmuck auswählen
- Zeitung: Zeitungsanzeigen (Familienanzeige, Nachruf) bestellen (Anzeigenschluss beachten!)
- Pfarrer oder Redner informieren
- Trauerkaffee oder Traueressen in einem Restaurant reservieren.

➢ Nach der Beisetzung/Trauerfeier

- Danksagungen für Kondolenzbriefe, Fotos etc.

- Abrechnungen mit Lebensversicherungen bzw. Sterbekassen, Firmen, Behörden
- ggf. Rentenanspruch geltend machen gegenüber der Bundesversicherungsanstalt Berlin oder bei den Landesversicherungsanstalten: Überbrückungsgeld (dreimonatige Rentenfortzahlung) bei der Rentenversicherungsstelle beantragen
- Meldung der Anschrift; Umbestellung der Post
- Wohnsituation klären (Mietvertrag, Strom, Wasser kündigen)
- Kündigung von Verträgen, Mitgliedschaften, Abos: Radio, Fernsehen, Telefon und Zeitungen; Abmelden des Autos und der Kfz-Versicherung; Kündigen der Versicherungen (Haftpflicht, Hausrat etc.); Kündigung von Mitgliedschaften bei Vereinen
- Verkauf des Autos (falls vorhanden)
- Sterbeurkunde beantragen
- Beantragung eines Erbscheins ist nicht zwingend notwendig, kann aber in Einzelfällen notwendig sein; daher ggf. Erbschein beantragen und das Testament eröffnen lassen (evtl. Notar einschalten)
- Eröffnung des Testaments
- Daueraufträge bei Banken/Sparkassen ändern
- Benachrichtigung evtl. Kreditgeber
- Benachrichtigung der Geschäftspartner, ggf. Einschaltung eines Rechtsanwaltes/Notars oder eines Steuerberaters
- Krankenkasse, Lebens- und Unfallversicherung informieren
- ggf. Kündigung des **Altenpflegeheims**
- ggf. Abmeldung beim **Versorgungsamt**
- ggf. Abmeldung beim Arbeitgeber
- Abbestellung von Dienstleistungen (z. B. Lebensmittel)
- laufende Rechnungen stornieren
- **Haushaltsauflösung**
- **Dauergrabpflege** beauftragen
- Regulierung der Heizungsanlage
- Abstellen von Gas und Wasser
- Fenster verschließen (Stecker aus Steckdosen entfernen)
- **Auswahl des Grabmals**
- ggf. Benachrichtigung der Kunden bei Selbstständigen
- Beamtenversorgung – Beantragung der Versorgungsbezüge bei zuständiger Dienstbehörde und Zusatzversicherung im öffentlichen Dienst.

2. Folgende Unterlagen sollten im Fall des Todes eines Angehörigen bereitgehalten werden

- Nachweis über den letzten Wohnsitz
- Todesbescheinigung vom Arzt
- Personenstandsurkunden
  - bei Ledigen: Geburtsurkunde
  - bei Verheirateten: Heiratsurkunde
  - bei Geschiedenen: Heiratsurkunde und Scheidungsurteil mit Rechtskraftvermerk
  - bei Verwitweten: Heiratsurkunde und Sterbeurkunde des Ehepartners (bei gleichgeschlechtlichen Partnerschaften ist anstelle der Heiratsurkunde die entsprechende Urkunde vorzulegen)
- Bestattungsvorsorgevertrag (falls vorhanden)
- Versicherungsunterlagen (Sterbegeld-, Lebens-, Unfallversicherungen – einige Institutionen, z. B. Gewerkschaften, zahlen unter bestimmten Voraussetzungen Sterbegeld –, Unterlagen zur Nachbarschaftshilfe, sofern es einen Nachbarschaftsverein gibt)
- Rentennummer(n) (diese befinden sich auf dem Rentenbescheid bzw. auf dem Rentenausweis; die Rentennummer(n) finden sich auch auf dem Kontoauszug des Girokontos, da die Renten stets unter Angabe der Rentennummer überwiesen werden), Angaben zu betrieblichen Renten

  Der Bestatter hält üblicherweise die Formulare für die Beantragung der sogenannten Drei-Monats-Rente (Sterbevierteljahr) für die Witwe oder den Witwer vor.
- Grabdokumente (sofern bereits eine Grabstelle vorhanden oder reserviert ist)
- Testament, Erbvertrag, Hinterlegungsschein (für das Amtsgericht oder den Notar)
- letztwillige Verfügung, falls eine Kremation und gegebenenfalls darüber hinaus eine Seebestattung gewünscht wird. Nahestehende Angehörige dürfen für den Verstorbenen die Feuerbestattung bestimmen. Gibt es keine Angehörigen, kann eine Feuerbestattung üblicherweise nur durchgeführt werden, wenn der Verstorbene dies selbst zu Lebzeiten festgelegt hat. Auch für eine anonyme Bestattung müssen gegebenenfalls entsprechende Verfügungen vorgelegt werden.

Der Erbschein ist eine amtliche Urkunde, die für den Rechtsverkehr feststellt, wer Erbe ist und welchen Verfügungsbeschränkungen dieser unterliegt. Der Erbschein spielt bei der Bestattung und der Bestattungspflicht grundsätzlich keine Rolle. Die Ausschlagung der Erbschaft entbindet grundsätzlich nicht von der Kostentragungspflicht für die Bestattung.

Die Sterbeurkunde bescheinigt den Tod eines Menschen, den Ort und den Zeitpunkt des Todes. Sie wird von den Standesämtern ausgestellt. Grundlage für die Ausstellung einer Sterbeurkunde ist die Eintragung im Sterberegister des Standesamts.

In die Sterbeurkunde werden aufgenommen:

- die Vornamen und der Familienname des Verstorbenen, Ort und Tag seiner Geburt sowie seine rechtliche Zugehörigkeit zu einer Religionsgemeinschaft (sofern sich die Zugehörigkeit aus dem Registereintrag ergibt)
- der letzte Wohnsitz und der Familienstand des Verstorbenen
- Sterbeort und Zeitpunkt des Todes.

Sterbeurkunden werden in der Regel für das Nachlassgericht für den Antrag auf Erteilung eines Erbscheins benötigt sowie für Rentenanträge und andere Versicherungsleistungen. Für sonstige Zwecke, wie die Kündigung von Verträgen, reichen meist einfache Kopien der Sterbeurkunde aus. Es empfiehlt sich, beim zuständigen Standesamt Mehrfertigungen der Sterbeurkunde anzufordern, um ausreichend Dokumente für den Beleg des Sterbefalls zur Verfügung zu haben.

VII. Vorsorge zu Lebzeiten

Der Mensch zeichnet sich von allen Lebewesen dadurch aus, dass er in der Lage ist, seinen eigenen Tod zu erfassen und sich mit diesem auseinanderzusetzen. Alle Religionen befassen sich mit Vorstellungen über das Jenseits und antworten damit auf die Hoffnung des Menschen auf ein Weiterleben nach dem Tod. Ihren Ausdruck finden die unterschiedlichen Jenseitsvorstellungen in den verschiedenen Bestattungskulturen. Dank der Bestattungskulturen ist uns ein immenses Wissen über die Kulturen der Vergangenheit und deren menschliches Selbstverständnis übermittelt worden.

Von Perikles soll das Wort stammen: *„Ein Volk wird so beurteilt, wie es seine Toten bestattet".*

Unabhängig von dem jeweiligen Todesverständnis spielt die Erinnerung eine große Rolle, die Erinnerung an seine Vorfahren ebenso wie die Vorstellung, in den Gedanken und Herzen der Hinterbliebenen präsent zu bleiben. „Solange sich jemand Deiner erinnert, lebst Du."

Die moderne Gesellschaft des 21. Jahrhunderts wird dominiert von wirtschaftlichem Zweck-Nutzen-Denken, während menschliche und soziale Bindungen schwächer werden. Das Verantwortungsgefühl der Generationen füreinander nimmt ab. Die Anzahl derjenigen, die vereinsamt leben und sterben, nimmt hingegen zu. Deshalb ist eine eigenverantwortliche Vorsorge wichtig. Auch wenn der Tod ein natürlicher Vorgang im Kreislauf von Werden und Vergehen ist, wird er in unserer Gesellschaft weitgehend verdrängt, wenn nicht gar tabuisiert. Die Farbe Schwarz als Farbe der Trauer ist im Verschwinden begriffen, bei Trauerkleidung und Trauerschmuck ebenso wie bei den früher schwarz umrandeten Trauerbriefen. Die starke Präsenz des Todes in Film, Fernsehen und Videospielen steht in eigenartigem Kontrast zu der Verdrängung des konkreten Umgangs mit Verstorbenen in unserer Gesellschaft, in der mehr als die Hälfte der Menschen nicht mehr zuhause, sondern in Krankenhäusern oder Pflegeheimen stirbt.

Doch nicht nur die Gesellschaft, sondern auch der Staat entzieht sich der sozialen Verantwortung für den letzten Lebensabschnitt der Bürger. So wurde das seit 1883 bestehende Sterbegeld zum 1.1.2004 aus dem Leistungskatalog der gesetzlichen Krankenkassen gestrichen. Der Gesetzgeber überlässt es dem Einzelnen, für seine Bestattung vorzusorgen.

1. Wie sorge ich vor?

Jede Bestattungsvorsorge muss den Ansprüchen des Vorsorgenden genügen. Die Vorstellungen dazu sind höchst unterschiedlich. Der eine besitzt konkrete Vorstellungen für seine Bestattung, die genau erkennen lassen, welche Kosten mit der Vorsorge abgedeckt werden müssen. Der andere möchte nur eine finanzielle Absicherung vornehmen, ohne sich mit weiteren Einzelheiten auseinanderzusetzen.

Einer Bestattungsvorsorge liegen meist zwei Rechtsgeschäfte zugrunde: Zum einen der Vertrag über die dereinstige Bestattung mit der Regelung der Wünsche und Vorstellungen des Vorsorgenden, zum anderen ein Vertrag über die finanzielle Absicherung dieser Wünsche und Vorstellungen. Während der Inhalt der dereinstigen Bestattung den individuellen Ansprüchen genügen sollte, dient die finanzielle Absicherung der Gewissheit, dass die gewollten Bestattungsdienstleistungen bezahlt werden können und Angehörige von Entscheidungen und finanziellen Verpflichtungen entlastet sind.

2. Private Bestattungsvorsorge

Nachdem das Sterbegeld der gesetzlichen Krankenversicherung im Jahre 2004 ersatzlos gestrichen wurde, sollte jeder Bürger verantwortungsbewusst vorsorgen, um die Angehörigen im Todesfall von zu treffenden Entscheidungen bzgl. der Art und Weise der Bestattung zu entlasten und finanziell nicht zu belasten. Mit einem Bestattungsvorsorgevertrag kann zu Lebzeiten alles für die eigene Bestattung geregelt werden. Er bietet die Sicherheit, dass die eigenen Wünsche (wie beispielsweise Erd- oder Feuerbestattung) und Vorstellungen (wie beispielsweise ein Gemeinschaftsgrab von Ehepartnern) bei der Bestattung auch erfüllt werden. Umfang und Inhalt eines Vorsorgevertrages hängen von den individuellen Bedürfnissen ab. Wer nicht sicher ist, ob die Angehörigen die eigenen Wünsche umsetzen werden, kann das Totenfürsorgerecht auch auf einen Bestatter übertragen.

Bei Verstorbenen ohne bestattungspflichtige Angehörige beauftragt eine Behörde – meist das Ordnungsamt – einen Bestatter, sofern keine Bestattungsvorsorge getroffen wurde. In diesem Fall findet die kostengünstigste Bestattung statt. Bei einer Bestattung, die das Ordnungsamt anordnet, werden die Wünsche des Verstorbenen in der Regel nicht berücksichtigt. Um das zu vermeiden, sollte die Bestattung vertraglich geregelt werden. In einem Vorsorgevertrag werden insbesondere die Bestattungsart (Erd- oder Feuerbestattung) sowie der gewünschte Bestattungsort und die Grabart (Reihen- oder Wahlgrabstätte) festgelegt. Wer möchte, kann die Bestattung aber auch detaillierter regeln.

Alleinstehende nehmen meist umfangreichere Festlegungen vor als Menschen mit einer Familie. Besteht ein vertrauensvolles Verhältnis zu den Angehörigen, kann ein Vorsorgevertrag auf wenige wichtige Entscheidungen beschränkt bleiben. Ist das Verhältnis jedoch problematisch, empfiehlt sich eine präzisere Vertragsgestaltung. Gleiches gilt für den Fall, dass die Angehörigen nicht vor Ort leben und im Todesfall nicht die ersten Ansprechpartner sein werden.

Grundsätzlich bietet ein Bestattungsvorsorgevertrag die Möglichkeit, im Vorfeld Preisvergleiche anzustellen und den finanziellen Rahmen wohlüberlegt abzustecken. Auch für Kosten, die zu einer Bestattung hinzukommen, wie Grabmal oder Grabpflege, können Kostenvoranschläge eingeholt werden. Die Kosten einer Bestattung sind regional unterschiedlich, was u. a. mit den unterschiedlichen kommunalen Friedhofsgebühren zusammenhängt. Wer die finanziellen Aspekte regelt, entlastet damit seine Angehörigen in der psychisch belastenden Situation der Trauer.

Deshalb sollte man mit einem Bestatter sprechen, dem man vertraut. Er kann bei der Finanzierung und der sicheren Anlage von Vorsorgegeldern beraten. Es gibt zwei Möglichkeiten, die Bestattungsvorsorge abzusichern. Vorsorgende können eine bestimmte Summe für die Bestattung hinterlegen. Empfohlen werden kann die Deutsche Bestattungsvorsorge Treuhand AG, bei der gewährleistet ist, dass die Vorsorgegelder auch im Insolvenzfall eines Bestattungsinstituts sicher sind und verzinst zur Verfügung stehen. Auf eine angemessene Treuhandeinlage haben Dritte keinen Zugriff. Das gilt auch für das Sozialamt, das Zuschüsse zum Lebensunterhalt leistet.

Eine weitere Möglichkeit der finanziellen Absicherung ist eine Sterbegeldversicherung. Sinnvoll ist, das Bezugsrecht auf einen Bestatter für den Erlebens- und Todesfall unwiderruflich zu übertragen, um sicherzustellen, dass niemand, beispielsweise im Pflegefall, ohne Wissen des Bestatters die Versicherung kündigen kann. Damit ist garantiert, dass die Gelder im Sterbefall auch wirklich zur Verfügung stehen.

3. Bestattung mit Unterstützung des Sozialamts oder der Ordnungsbehörde

Sind die bestattungspflichtigen Angehörigen nicht in der Lage, die Kosten für eine Bestattung zu übernehmen, so werden sie nach einem entsprechenden Antrag vom Sozialamt unterstützt. Sind keine Angehörigen auffindbar, erreichbar oder weigern sie sich, die Bestattung in Auftrag zu geben, gibt üblicherweise die Ordnungsbehörde des Sterbeortes die Bestattung in Auftrag. Die entstandenen Kosten werden von der Gemeinde gegenüber vorhandenen Bestattungspflichtigen geltend gemacht. Bei der ordnungsbehördlichen Bestattung bestimmt in der Regel die Ordnungsbehörde die Bestattungsart, wenn nicht ein Wille des Verstorbenen nachweisbar ist. Sozialämter sind für die Kosten der Bestattung grundsätzlich vorleistungspflichtig.

Können die Erben oder die Bestattungspflichtigen die Kosten einer Bestattung nicht tragen, erstattet das Sozialamt auf Antrag die Bestattungskosten. Das Sozialamt übernimmt aber nur die erforderlichen Kosten. Zu den erforderlichen Kosten gehören die Aufwendungen für eine würdige Bestattung, wie sie ortsüblich ist. Die Sozialämter sind nach § 74 SGB XII verpflichtet, die Gesamtkosten der Bestattung zu tragen. Dies gilt für Erdbestattungen ebenso wie für Feuerbestattungen. Gegebenenfalls sind die Sozialämter vorleistungspflichtig, wenn die Prüfung der Bedürftigkeit oder die Prüfung der Inanspruchnahme Dritter für die Bestattungskosten zu lange Zeit in Anspruch nimmt. Jedenfalls ist bei der Beauftragung eines Bestattungsunternehmens darauf hinzuweisen, dass Sozialhilfe in Anspruch genommen wird und die eigenen Mittel die Durchführung der Bestattung nicht erlauben.

4. Vorsorgevollmacht

Niemand mag es sich vorstellen, aber es kann die Situation eintreten, in der jemand nicht mehr in der Lage ist, seine Angelegenheiten selbst zu regeln. Dies kann durch eine Krankheit oder durch einen Unfall geschehen oder auch die Folge einer möglichen Altersdemenz sein. Der Ehepartner oder die Kinder sind in diesen Fällen nicht automatisch befugt, Anordnungen für die betroffene Person zu treffen. Es müssen entsprechende Vollmachten vorliegen. Dies fängt bei der Verfügungsgewalt über das Bankkonto an und endet mit dem Aufenthaltsbestimmungsrecht.

a) Vorsorgevollmacht allgemein

!

Hinweis: *Ein umfangreiches Muster für eine Vollmacht finden Sie in der Broschüre „Vorsorge für Unfall, Krankheit, Alter" vom Verlag C.H.BECK (16. Auflage 2015, ISBN 978-3-406-67602-4).*

Mit der Vorsorgevollmacht bevollmächtigt man einen oder mehrere Personen, sich um bestimmte klar definierte Bereiche des Lebens zu kümmern, wenn man selbst dazu nicht mehr in der Lage ist. Den Bevollmächtigten werden umfassende Rechte eingeräumt. Man sollte daher nur Personen einsetzen, denen Sie volles Vertrauen entgegenbringen.

Die schriftliche Form ist erforderlich (jedoch nicht unbedingt handschriftlich zwingend, aber empfehlenswert). Die eigenhändige Unterschrift sollte in bestimmten Zeitabständen (alle zwei bis drei Jahre) erneuert werden, damit der zeitnahe Wille für Außenstehende erkennbar ist. Die Unterschrift des Vollmachtgebers sollte dabei von einem Zeugen bestätigt werden, der bekundet, dass der Verfasser bei seiner Unterschrift voll geschäftsfähig war. Die bevollmächtigte Person sollte möglichst nicht als Zeuge eingesetzt werden. Für Banken ist die Vorsorgevollmacht oft nicht ausreichend. Hier sollten Vollmachten auf den bankeigenen Formularen erteilt werden. Soll mit einer Vorsorgevollmacht die Verfügungsgewalt über Grundstücke erteilt werden, so muss diese notariell beurkundet werden.

Sie können in der Vorsorgevollmacht Regeln aufstellen, nach denen die Vollmacht einzusetzen ist. Ein weiterer Schutz vor missbräuchlicher Nutzung der Vollmacht ist die Einsetzung mehrerer Personen, die sich gegenseitig kontrollieren. Wenn Sie niemanden haben, dem Sie so umfassend vertrauen, sollten Sie eine Betreuungsverfügung aufsetzen.

b) Vorsorgevollmacht für die Bestattungsvorsorge

> **!** **Hinweis:** *Ein umfangreiches Muster für eine Bestattungsvorsorge finden Sie in der Broschüre „Vorsorge für den Notfall" vom Verlag C.H.BECK (erhältlich als Set zusammen mit „Vorsorge für Unfall, Krankheit und Alter" und „Vorsorge für den Erbfall", 3. Auflage 2015, ISBN 978-3-406-67838-7).*

Alle Schritte und Inhalte einer Bestattung können im Vorhinein geregelt werden.

Grundsätzlich sind bei einem Sterbefall folgende Unterlagen vorzulegen:

- Todesbescheinigung durch den Arzt
- bei Personen, die verheiratet waren, nach Möglichkeit ein Auszug aus dem Familienbuch oder, wenn noch kein Familienbuch angelegt ist (bei Eheschließung vor 1958), eine Heiratsurkunde oder das Stammbuch der Familie.
- bei ledigen Personen eine beglaubigte Abschrift aus dem Geburtenbuch/ Geburtseintrag oder die Geburtsurkunde mit deutscher Übersetzung, falls fremdsprachig.

In der Regel übernimmt das beauftragte Bestattungsinstitut die Anzeige eines Sterbefalls. In diesem Fall ist eine persönliche Vorsprache beim Standesamt nicht erforderlich. Grundsätzlich ist das Standesamt zuständig, in dessen Bezirk die Person verstorben ist.

Eine Person hat eine Bestattungsvorsorge abgeschlossen, mit der die dereinstige Bestattung den eigenen Vorstellungen entsprechend geregelt wurde. Doch wie kann diese Vorsorge im Fall der Fälle vor dem Zugriff des Sozialamts oder eines Betreuers geschützt werden? Muss altersbedingt für diese Person eines Tages ein Betreuer bestellt werden, der über die Rechtsgeschäfte entscheidet, könnte dieser prinzipiell die Bestattungsvorsorge kündigen. Muss die betreute Person Sozialhilfe in Anspruch nehmen, verlangt das Sozialamt häufig, dass die Bestattungsvorsorge gekündigt wird, um den Lebensunterhalt der betreuten Person zu bestreiten. Geht der Betreuer nicht gegen die Aufforderung des Sozialamts vor, wird die Bestattungsvorsorge gekündigt, wobei der Rückkaufwert einer Versicherung (hier: Sterbegeldversicherung) meist deutlich unter dem Wert der Versicherungsleistung liegt. Bei der treuhänderischen Hinterlegung des Geldbetrages einschließlich seiner Verzinsung wird der Betrag dagegen in voller Höhe ausgezahlt. Über eine Million Menschen stehen in Deutschland unter Betreuung.

Die Deutsche Bestattungsvorsorge Treuhand AG und das Kuratorium Deutsche Bestattungskultur GmbH bieten über die angeschlossenen Bestattungsinstitute eine größtmögliche Absicherung der Vorsorgeverträge durch den Eintrag einer Vorsorgevollmacht für die Bestattung in das bei der Bundesnotarkammer eingerichtete Vorsorgeregister an. Gerichte und Behörden können dort Einsicht nehmen und sich über die Verfügungen des Vorsorgenden etwa bei der Bestellung eines Betreuers Klarheit verschaffen.

5. Testament oder Erbvertrag

Umfangreiche Informationen zum Erbrecht finden Sie in der Broschüre „Vorsorge für den Erbfall“ vom Verlag C.H.BECK (7. Auflage 2015, ISBN 978-3-406- 67601-7).

6. Sterbegeldversicherung

Gemeinsam mit dem Bestatter des Vertrauens wird ermittelt, welche Bestattungswünsche bestehen und welche Kosten für die geplante Bestattung anfallen werden. Daraufhin wird eine Versicherung abgeschlossen, die im Todesfall eine Summe in Höhe der zu erwartenden Kosten garantiert. Der Beitrag kann oftmals mithilfe eines Tarifrechners anhand von Geburtsdatum, gewünschter Endsumme und vorgesehener Laufzeit einfach ermittelt werden.

Die Sterbegeldversicherung ist somit die erste Wahl für alle Vorsorgekunden, die mit geringen Beiträgen einen maximalen Schutz erreichen möchten. Zahlreiche Versicherungen bieten Sterbegeldversicherungen an.

Auf folgende Punkte sollte der Sterbegeldversicherungsnehmer beim Abschluss der Versicherung achten:

- Bonität und rechtliche Absicherung der Versicherung.
- Sofortiger Versicherungsschutz. Die eingezahlte Summe bleibt im Vermögen des Vorsorgenden. Im Sterbefall wird das Guthaben gegen Vorlage der Sterbeurkunde an den Vertragsbestatter ausgezahlt.
- Neue Wahlmöglichkeit eines Bestatters, falls der ursprünglich beauftragte Bestatter nicht mehr existent ist.
- Die Versicherung sollte zur Zweckbestimmung mit einem Bestattungsvorsorgevertrag unterlegt sein.

Unterlagen, die Sie benötigen, erhalten Sie bei der entsprechenden Versicherung Ihres Vertrauens.

➢ Verbundene Leben

Eheleute oder Lebenspartner können eine sogenannte „Verbundene Lebensversicherung“ als Bestattungsvorsorge abschließen. Stirbt die erste versicherte Person, wird ein zuvor festgelegter Prozentsatz der Versicherungssumme fällig, während für den verbliebenen Partner die Versicherung beitragsfrei gestellt wird.

7. Treuhandeinlage

Eine andere Art der Bestattungsvorsorge bietet die Vorauszahlung und treuhänderische Verwaltung von Vorsorgegeldern. Wie bei der Sterbegeldversicherung wird zunächst ein Vorsorgevertrag mit dem Vorsorgenden abgeschlossen, der die gewünschten Leistungen und die zu erwartenden Kosten für die geplante Bestattung festhält.

Der Kunde hinterlegt daraufhin den für die Bestattung benötigten Betrag bei der ausgewählten Organisation. Diese Organisation verwaltet das Geld im Auftrag des Vorsorgenden, abgesichert z. B. durch die Bürgschaft eines Kreditinstituts. Die Treuhandeinlage sollte verzinst werden. Bei Einreichung der Sterbeurkunde wird die hinterlegte Summe mit Zinsen an den mit der Bestattung beauftragten Bestatter ausgezahlt.

Auf folgende Punkte sollte der Vorsorgende beim Abschluss einer treuhänderischen Verwaltung des vorausbezahlten Geldes für die Bestattung achten:

- Nachweis der Seriosität des treuhänderischen Verwalters
- Verzinsung des Vorsorgebetrages
- mindestens jährliche Kontoauszüge über den Bestand der Einzahlung
- zusätzliche Absicherung des Vorsorgebetrages etwa durch eine Bürgschaft eines Kreditinstituts
- Angebot von Zusatzleistungen, z. B. kostenlose Auslandsrückholung, Rechtsberatung im Umfeld einer Bestattung, Vorhandensein einer Notrufnummer im Sterbefall
- Kündbarkeit der Bestattungsvorsorge ohne zusätzliche Kosten durch den Vorsorgenden

Was sollte man nicht tun?

Wer Geld im Voraus bezahlt oder eine Versicherung als Absicherung abschließt, will Gewissheit, dass das aufgewendete Geld zweckgerichtet verwendet wird. Deshalb sollten Zahlungen für die dereinstige Bestattung im Todesfall auch sicher zur Verfügung stehen. Um dieses Ziel zu erreichen, sollte man Folgendes vermeiden:

Anlegen eines Sparbuches auf den eigenen oder einen fremden Namen. Das auf eigenen Namen des Vorsorgenden angelegte Geld fällt in die Erbschaft und steht regelmäßig nicht zeitnah (Kündigungsfrist!) für die Deckung der Kosten der Bestattung zur Verfügung. Das auf fremden Namen – etwa des Bestatters oder eines sonstigen Dritten – angelegte Geld zählt zu dessen Vermögen und kann z. B. durch Insolvenz verloren gehen.

8. Bestattungsvorsorgepakete

Zusätzlich zu den Sterbegeldversicherungen und Treuhand-Einlagen werden sogenannte Bestattungspakete angeboten. Diese Pakete ermöglichen dem Vorsorgenden, Bestattungskosten ohne detaillierten Vorsorgevertrag abzusichern. Der Kunde entscheidet sich lediglich dafür, ein „Paket" von Pauschalleistungen abzusichern, ohne Einzelheiten der Trauerfeier festzulegen.

In der Regel werden mehrere Pakete geschnürt, die unterschiedliche Leistungen umfassen. Auch die Absicherung der Grabgebühren, der Grabpflege und des Grabmals sind auf diese Weise oftmals möglich. Damit sind umfassend alle Kosten abgedeckt, die im Rahmen einer Bestattung anfallen können.

VIII. Ruhezeiten[4] (Übersicht)

	Sarg	Kinder	Urne
Baden-Württemberg (§ 6 BestattG)	mind. 15 Jahre	bis zum zweiten Lebensjahr: mind. 6 Jahre bis zum zehnten Lebensjahr: mind. 10 Jahre	identisch
Bayern (§ 10 BestattG)	Bestimmung durch Friedhofsträger	Bestimmung durch Friedhofsträger	Bestimmung durch Friedhofsträger
Berlin (§ 11 Friedhofsgesetz)	grds. mind. 20 Jahre	grds. mind. 20 Jahre	grds. mind. 20 Jahre
Brandenburg (§ 32 BbgBestG)	mind. 20 Jahre	keine Besonderheit	mind. 15 Jahre
Bremen (§ 5 BestattG)	mind. 25 Jahre	bis zum ersten Lebensjahr: mind. 7 Jahre bis zum zehnten Lebensjahr: mind. 15 Jahre	mind. 20 Jahre
Hamburg (§ 26 Leichen-, Bestattungs- und FriedhofswesenG)	mind. 25 Jahre	keine Besonderheiten	mind. 25 Jahre
Hessen (§ 6 Abs. 2 Friedhofs- und BestattungsG)	mind. 15 Jahre	keine Besonderheiten	mind. 15 Jahre
Mecklenburg-Vorpommern (§ 15 BestattG)	mind. 20 Jahre	Asche von Totgeborenen, Fehlgeborenen und Föten: Keine Ruhezeit. Sofern nicht eingeäschert: Festlegung durch das Gesundheitsamt	mind. 20 Jahre
Niedersachsen (§ 14 BestattG)	mind. 20 Jahre	keine Besonderheiten	mind. 20 Jahre
Nordrhein-Westfalen (§ 4 BestattG)	Bestimmung durch den Friedhofsträger, aber ebenso lang wie Asche	keine Besonderheiten	Bestimmung durch den Friedhofsträger, aber ebenso lang wie Särge

[4] Die folgende Tabelle ist entnommen aus: Kurze/Goertz, Bestattungsrecht in der Praxis, 2. Auflage 2016.

	Sarg	Kinder	Urne
Rheinland-Pfalz (§ 5 BestattG)	Bestimmung durch Friedhofsträger	keine Besonderheiten	Bestimmung durch Friedhofsträger
Saarland (§ 5 BestattG)	mind. 15 Jahre	bis zum zweiten Lebensjahr: mind. 6 Jahre. bis zum zehnten Lebensjahr: mind. 10 Jahre Bei Asche von bis zu Zehnjährigen Verkürzung durch den Friedhofsträger auf 10 Jahre	mind. 15 Jahre
Sachsen (§ 6 SächsBestG)	mind. 20 Jahre	bei Fehlgeborenen und tot geborenen Kindern und Kindern bis zum zweiten Lebensjahr: mind. 10 Jahre	keine Besonderheiten
Sachsen-Anhalt (§ 22 BestattG)	mind. 15 Jahre	bis zum zehnten Lebensjahr: mind. 10 Jahre	keine Besonderheiten
Schleswig-Holstein (§ 23 BestattG)	Festlegung durch den Friedhofsträger	Festlegung durch den Friedhofsträger	Festlegung durch den Friedhofsträger
Thüringen (§ 31 ThürBestG)	mind. 20 Jahre	keine Besonderheiten	mind. 15 Jahre

Glossar

Begriff	Begriffserläuterung
Bestattungsgesetz	Das Bestattungsrecht ist in der Bundesrepublik Deutschland Sache der Länder. Daher haben alle Länder eigene, aber meist ähnliche **Bestattungsgesetze** erlassen. Sie regeln oft auch Fragen des Friedhofsrechtes und teilweise auch die Sektion von Leichen.
Bestattungspflicht	**Bestattungspflicht** ist die Pflicht, nach dem Tod einer Person dafür zu sorgen, dass deren Leichnam einer ordnungsgemäßen Bestattung zugeführt wird.
Bestattungsverordnungen	Verordnung zur Durchführung des Gesetzes über das Friedhofs-, Bestattungs- und Leichenwesen.
Bestattungsvorsorgevertrag	Rechtlich handelt es sich bei dem **Bestattungsvorsorgevertrag** im Kern um einen Werkvertrag. Auch können Grabpflegeverträge bereits zu Lebzeiten mit Friedhofsgärtnereien geschlossen werden.
Erblasser	Der **Erbfall** tritt mit dem Tod einer natürlichen Person, dem **Erblasser**, ein.
Erdbestattung	Die **Erdbestattung** ist die Übergabe des menschlichen Leichnams an die Erde. Der Sarg wird nach einer eventuellen Trauerfeier auf einem Friedhof in einem Grab beigesetzt. Unterschieden werden die Gräber nach Wahl- und Reihengrabstätten. Die Ruhedauer einer Grabstelle, die Belegungsmöglichkeiten und die Preise richten sich nach den regionalen Bestimmungen (Friedhofssatzungen und Friedhofsgebührensatzungen). Die Friedhofsträger – Kommunen oder Kirchen – legen fest, welche Grabarten sie anbieten.
Erbvertrag	Der **Erbvertrag** ist neben dem Testament nach deutschem Recht die zweite Möglichkeit, durch Verfügung von Todes wegen Regelungen über den Verbleib des eigenen oder gemeinschaftlichen Vermögens nach dem Tod zu treffen und von der gesetzlichen Erbfolge abzuweichen. Der wesentliche Unterschied besteht darin, dass der Erblasser sich beim Erbvertrag gegenüber seinem Vertragspartner bindet.
Feuerbestattung	Die **Feuerbestattung** ist die Übergabe des menschlichen Leichnams an das Feuer. Für jede Feuerbestattung wird ein Sarg benötigt. Eine Trauerfeier kann vor oder nach der Einäscherung stattfinden. Bei der Feuerbestattung ist in der Regel eine gesonderte Willenserklärung des Angehörigen erforderlich.
Geburtsurkunde	Die **Geburtsurkunde** ist eine amtliche Bescheinigung über die Geburt einer Person – mit Name, Geschlecht, Datum und Ort. Außerdem werden die im Zeitpunkt der Ausstellung der Urkunde rechtlich geltenden Eltern eingetragen.

Kolumbarien	Heute bezeichnet man als **Kolumbarium** ein Gebäude oder Gewölbe, das der Aufbewahrung von Urnen dient und oft einem Friedhof oder Krematorium angegliedert ist.
Nachlassgericht	Nach dem seit 1. September 2009 geltenden Gesetz über das Verfahren in Familiensachen und in den Angelegenheiten der freiwilligen Gerichtsbarkeit (FamFG) ist das **Nachlassgericht** das Amtsgericht am letzten Wohnsitz des Verstorbenen.
Personenstandsurkunden	Als **Personenstandsurkunde** bezeichnet man entweder einen beglaubigten Auszug oder eine beglaubigte Originalkopie aus einem Personenstandsbuch beim Standesamt.
Rasengrabstätte	Diese Grabstätte ist pflegeleicht, da die Grabpflege von der Gemeinde übernommen wird. Die Grabstätte wird jedoch nicht mit einer Namensplatte gekennzeichnet, sondern ist anonym.
Rasenreihengrabstätte mit Namensplatte	Diese Grabstätte ist ebenfalls pflegeleicht, da die Grabpflege vom Friedhofspersonal übernommen wird. Jede Grabstelle wird mit einer Namensplatte versehen. In der Regel ist auf diesen Grabfeldern ein zentrales Denkmal für die Ablage von Blumen vorhanden. Ein individuelles Ausschmücken der Grabstätte ist grundsätzlich nicht zulässig.
Reihengrabstätte	Die **Reihengrabstätte** wird von der Friedhofsverwaltung zugewiesen. In einem Reihengrab darf jeweils nur ein Verstorbener beigesetzt werden. Nach Ablauf der Ruhefrist kann eine Umbettung vorgenommen werden, eine Verlängerung der Grabstätte ist nicht möglich. Grundsätzlich dürfen dort keine Urnen zusätzlich beigesetzt werden. In der Regel ist ein Reihengrab günstiger als ein Wahlgrab. Die individuelle Gestaltung ist im Rahmen der Friedhofssatzung möglich.
Sterbegeld	Das **Sterbegeld** ist eine Geldleistung, die die Aufwendungen der Bestattung eines Verstorbenen ersetzen soll. Es war bis 2004 insbesondere eine Leistung der gesetzlichen Krankenkassen und ist dort im Laufe der Zeit immer mehr reduziert und schließlich ganz abgeschafft worden, besteht bisher aber noch in der Beamtenversorgung fort.
Testament	Ein **Testament** ist eine Form der Verfügung von Todeswegen, eine Regelung für den Erbfall.
Todesbescheinigung	Der **Totenschein**, auch **Todesbescheinigung** oder **Leichenschauschein** genannt, ist in Deutschland eine öffentliche Urkunde, in der ein Arzt nach gründlicher Untersuchung eines menschlichen Körpers den Tod dieses Menschen mit Personalien und Zeit und Ort des Todesfalls bescheinigt, wenn möglich eine Todesursache angibt und die Todesart vermerkt, also, ob es sich um einen natürlichen oder nichtnatürlichen Tod handelt (Leichenschau).
Totenfürsorge	Die **Totenfürsorge** ist das gewohnheitsrechtlich verbürgte Recht und zugleich die Pflicht, sich um den Leichnam eines Verstorbenen zu kümmern.

Totenfürsorgerecht

Das **Recht der Totenfürsorge** umfasst das Entscheidungsrecht über den Leichnam des Verstorbenen, über die Art und den Ort der Bestattung und eine eventuelle Umbettung sowie die Veranlassung der ärztlichen Leichenschau und die Wahrnehmung von Rechten im Strafrecht.

Trauerarbeit

Der Trauerprozess ist kein passiver Vorgang, bei dem etwas mit einem geschieht; vielmehr muss der Trauernde aktiv werden und eine Reihe von Aufgaben lösen.

Treuhandeinlage

Eine andere Art der Bestattungsvorsorge bietet die treuhänderische Verwaltung von Vorsorgegeldern. Wie bei der Sterbegeldversicherung wird zunächst ein Vorsorgevertrag mit dem Kunden abgeschlossen, der die gewünschten Leistungen und die zu erwartenden Kosten für die geplante Bestattung festhält. Der vorzusehende Betrag wird sodann bei einer Vorsorgeeinrichtung wie der Deutsche Bestattungsvorsorge Treuhand AG eingezahlt und verzinst. Im Sterbefall wird der Vorsorgebetrag an den erledigenden Bestatter ausgezahlt.

Urnenbeisetzung

Für die Asche besteht in Deutschland Bestattungspflicht, d.h. die Angehörigen dürfen sie nicht mit nach Hause nehmen, um sie z.B. im eigenen Garten beizusetzen. Auch die Teilung der Asche ist in Deutschland nicht gestattet.

Vorsorgeregister

Die **Verordnung über das Zentrale Vorsorgeregister** ist die Ausführungsvorschrift zu § 78a Bundesnotarordnung, wonach ein zentrales Vorsorgeregister für Vorsorgevollmachten bei der Bundesnotarkammer eingerichtet wurde.

Vorsorgevollmacht

Mit einer **Vorsorgevollmacht** bevollmächtigt nach deutschem Recht eine Person eine andere Person, im Sterbefall oder im Falle einer Notsituation alle oder bestimmte Aufgaben für den Vollmachtgeber zu erledigen. Mit der Vorsorgevollmacht wird der Bevollmächtigte zum Vertreter im Willen, d.h., er entscheidet an Stelle des nicht mehr entscheidungsfähigen Vollmachtgebers. Deshalb setzt eine Vorsorgevollmacht unbedingtes und uneingeschränktes persönliches Vertrauen zum Bevollmächtigten voraus und sollte nicht leichtfertig erteilt werden.

Wahlgrabstätte

Die Wahlgrabstätte kann grundsätzlich individuell ausgesucht werden. In vielen Gemeinden besteht die Möglichkeit, ein Tiefgrab zu erwerben. Dies bedeutet, dass mindestens zwei Erdbestattungen übereinander möglich sind. Es können auch mehrere Wahlgräber nebeneinander erworben werden.